歩く江戸の旅人たち②

歴史を動かした人物はどのように歩き、旅をしたのか

谷釜尋徳

晃洋書房

はじめに

近世の旅人は、実によく歩きました。

前作『歩く江戸の旅人たち』（晃洋書房、二〇二〇年）では、一般庶民を主役に仕立て上げ、彼らが道中で書いた旅日記の分析から、名もなき旅人の歩行事情に迫りました。庶民たちは、現代人の想像が及ばないほどの健脚を武器に全国各地を歩き回り、行く先々で未知の事物との遭遇を楽しむ魅力的な旅の世界を創り上げていました。

しかし、執筆を終え、さらなる疑問が湧いてきました。ごく普通の人生をまっとうした人びとの歩行の様子はよくわかったけれども、歴史の表舞台に登場するような一握りの人びとは、いったいどのように歩いたのか？　同じ時代を生きたからには、一般庶民と変わらない歩行能力を持っていたのか？　それとも、大きな違いが見出せるのか？　などと、新たな好奇心を持ったことが本書の着想の出発点です。

本書では、今日に知られる歴史に名を残した人物として、松尾芭蕉（一六四四〜九四）、伊能忠敬（一七四五〜一八一八）、吉田松陰（一八三〇〜五九）、清河八郎（一八三〇〜六三）、勝小吉（一八〇二〜五〇）を選びました。時代に若干の偏りはあるものの、いずれも近世という時代に長距離徒歩旅行を行い、なおかつその歩行の実際が史料を通じて追跡可能な「有名人」たちです。

この五名の旅について、残された旅日記の分析を通じて歩いた距離やペースを数値化しますが、本書の内容はそれだけにとどまりません。歩行を主な移動手段とした彼らは、行く先々で難所に遭遇し、天候を含む自然環境からも大きく影響を受けて歩いています。また、道中での観光、名物、土産物といった楽しみが疲れた身体を奮い立たせる歩行のモチベーションになり、街道筋での人との出会いが心を温めることもありました。こうした諸事情まで射程圏内に入れると、数字からは見えてこない徒歩旅行の実際がありありと浮かび上がってきます。

序章では、本書の全体に共通するような近世人の歩く旅の世界を解説し、続けて第1～5章では、五名が繰り広げた旅を「歩行」をメインテーマに据えて描き出します。

本書では、有名人たちが成し遂げた歴史上の功績はほとんど出てきません。彼らがどのように歩き、どのような旅をしたのかを解明することが主な使命だからです。しかし、極端なことを言えば、彼らが歩かなければ、歴史は動きませんでした。人間の歴史は、歩くという行為によって創造されてきたのです。

二本の脚が織りなす、新たな歴史像をお楽しみください。

目次

第1章　松尾芭蕉

芭蕉は本当に健脚だったのか？　24

第4章　清河八郎

母孝行の伊勢参り――147

第5章 勝小吉
下級武士の破天荒な抜け参り ― 193

序章

近世人を魅了した「歩く旅」の世界

本書は、歴史に名を残した人物たちの旅について、「歩行」をメインテーマとして描き出す試みです。本編に入る前に、まずは近世の人びとが、歩くことに対してどのような観念を持ち、歩行を移動手段としてどのような旅をしたのかを整理しておきましょう。

1　ウォーキング大国だった近世日本

日本の近代交通の幕開けは明治五（一八七二）年の新橋〜横浜間の鉄道開通にはじまりますが、それ以前の陸上交通はとにかく歩くことが基本です。近世までの日本人は、日常的に一定量のウォーキングをこなしていました。

近世後期には、一般庶民の間に伊勢参りをはじめとする空前の旅ブームが巻き起こります。多くの人びとが長期間家を留守にし、遠隔地の神社仏閣を目指して、時には往復で二〇〇〇㎞を超える距離を歩いて旅しました。伊勢宮川の舟番所改帳の写しによれば、文政一三（一八三〇）年の三月末日から六月二〇日までの間に、約四二七万人が日本全国から伊勢に訪れたそうです[1]。当時の日本の総人口は約三〇〇〇万人なので、この時だけでも日本人のおよそ七人に一人が伊勢までの徒歩旅行を実施していた計算になります。数字の信憑性はともかくとしても、この時代の日本は紛れもなくウォーキング大国でした。

近世の人びとが好んだ歩く旅は、遠隔地への長期間の旅だけではありません。近世後期には、都市化が進んだ江戸の喧噪を抜け出して、日帰りで郊外へ歩いて旅することも頻繁に行われるようになりました。

徳川清水家に仕えた武士の村尾嘉陵は、文化四（一八〇七）年から天保五（一八三四）年まで（四七～七四歳）の間に、江戸近郊地を日帰りで散策した記録を残しています[2]。嘉陵は忙しい勤務の合間を見つけては、遠くまで歩き、寺社に参詣し、史跡を訪ね、茶店に憩い、田園風景に心を奪われ、土地の人びととの会話も大いに楽しみました。

江戸の九段（現在の東京都千代田区）を出発点とする村尾嘉陵の旅の行先は、江戸に隣接するエリアだけにとどまりませんでした。西は日野（現在の東京都日野市）、北は桶川（現在の埼玉県桶川市）、東は松戸（現在の千葉県松戸市）、南は川崎（現在の神奈川県川崎市）まで、かなり広範囲に及んでいます。宿泊を伴うこともありましたが、大半が日帰りで、その日のうちに歩いて江戸まで帰りました。

例えば、文政二（一八一九）年一〇月四日には桶川まで日帰りで出掛けていますが、中山道経由で江戸～桶川間は片道九里三四丁（三八・八km）なので、単純計算で往復八〇kmに迫る距離を歩いたことになります。この時、嘉陵は五九歳になっていましたが、途中、船や馬を利用したことを差し引いても、現代人から見れば驚異的な健脚です。

2 養生思想の中の歩行

旅行文化とは少し離れますが、近世の人びとの歩行に対する考え方を知るために、当時の養生思想の中に見られたウォーキングに類する観念を確認していきましょう。

永禄六（一五六三）年に来日したキリスト教宣教師のフロイスは、自らの属する西洋文明との比較を通して客観的に日本人の生活文化の特徴を観察しました。フロイスは著書の中で、日本人のウォーキングに対する観念を「われわれは散歩を、大きな保養で健康によく、気晴らしになるものと考えている。日本人は全然散歩をしない。むしろそれを不思議がり、それを仕事のためであり、悔悛のためであると考えている。(3)」と記録しています。

フロイスの異文化世界からの眼差しが実態を捉えているとすれば、少なくとも戦国末期の日本人は、労働と切り離された「散歩」という概念すら知らなかったことになります。それでは、日本人はいつの頃からウォーキングに関心を向けるようになったのでしょうか。

日本史上、西洋医学の「健康」という観念が本格的に入ってくるのは明治時代でしたが、近世の日本には「養生」という衛生観念がありました。大陸から受け継いだ儒教精神や漢方医学に基づく養生思想は、近世中期以降には民間レベルまで浸透し、予防医学的な見地から人びとの健康意識も高まっていきます。

儒学者の貝原益軒は、晩年の八三歳の頃に『養生訓』という書物を執筆します。正徳三（一七一三）年刊行の同書には、「養生の術は つとむべき事をよくつとめて 身をうごかし 気をめぐらすをよしとす」[4]と解説されたように、江戸の養生思想とは、体内にバランスよく「気」を巡らせることで健康体を維持ないし獲得しようとするものでした。

『養生訓』の中で、益軒は今日で言うウォーキングについて触れています。益軒は、同じ場所に長く居座らずに毎日少しでも身体を動かすこと、食後は庭内（雨天時は家の中）を数百歩ばかり静かに歩くことが、養生のために推奨される日課だと書きました[5]。

享和元（一八〇二）年には、蘭法医の杉田玄白が『養生七不可』を書きます。古希を迎えた玄白が、自身の経験知から養生のための心得を七点に絞って整理した書物です。玄白は最後の七ヵ条目に「動作勤安好可不」[6]（動作を勤めて安を好むべからず）と掲げました。益軒と同じく、玄白も、養生のためには一定量の運動が必要だと考えていたようです。

ところが、養生思想の中でウォーキングが推奨されても、江戸の実社会では、健康目的で路上を闊歩するような人は少数派でした。健康と歩行を結びつける考え方は養生思想の中には存在したものの、それが人びとの間に普及・定着するには至らなかったようです。

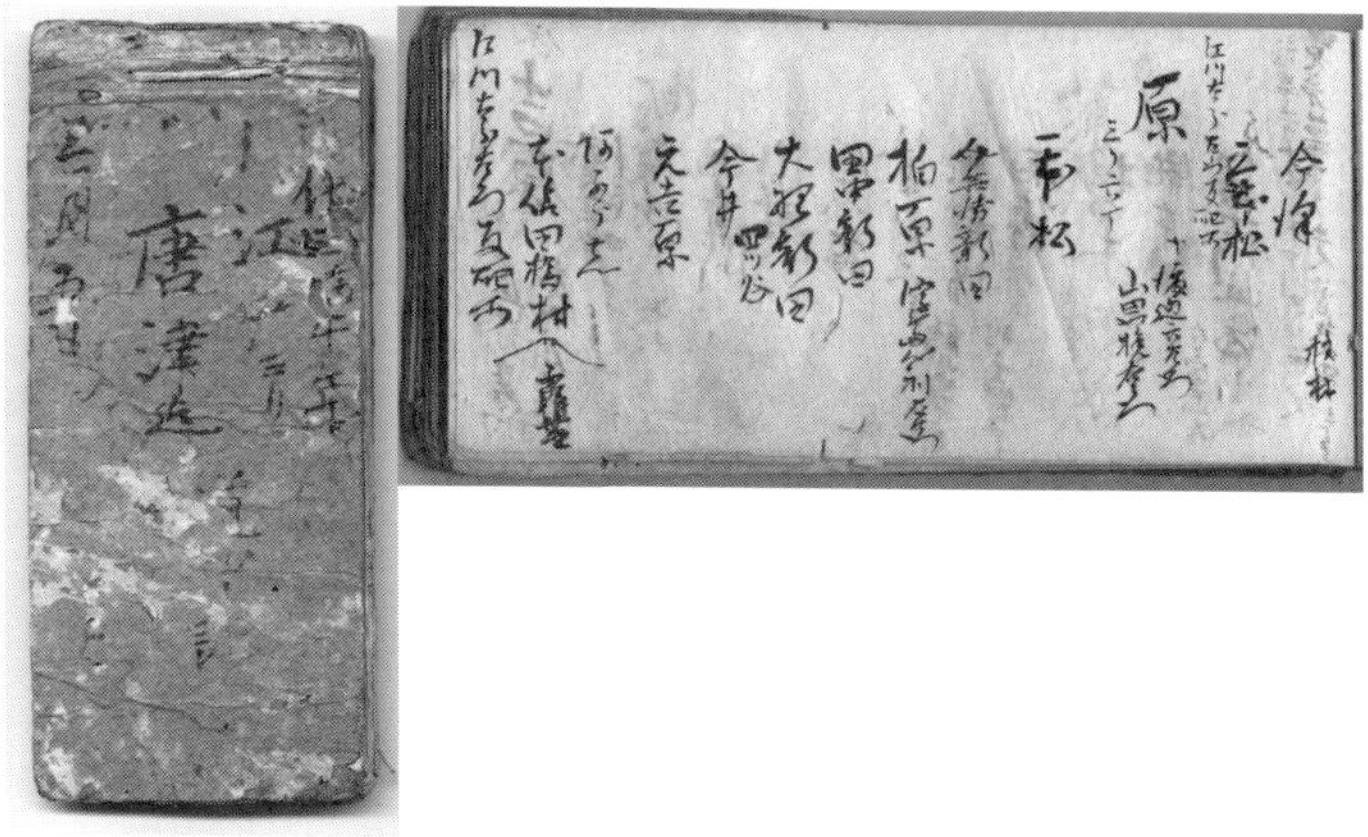

図序－1　『江戸ヨリ唐津迄道中記』
出典：（著者不詳）『江戸ヨリ唐津迄道中記』1846、筆者所蔵

フロイスが見た戦国日本の風習は、近世を通じて大きく変わることはありませんでした。

3　歩く旅は健康の証明

冒頭で述べたように、近世後期には庶民を中心とした旅ブームが訪れ、人びとは長距離を徒歩で移動しながら道中の異文化世界を存分に味わいました。もちろん、この場合の歩くという行為は「養生」のためではなく、「移動手段」にほかなりませんが、当時の旅人は実際にどの程度の歩行能力を持っていたのでしょうか。

筆者の手元に、『江戸ヨリ唐津迄道中記』[7]（以下『道中記』）と題された一綴りの古文書があります。弘化三（一八四六）年三月、とある人物が江戸から九州の唐津（現在の佐賀県唐津市）まで旅をした際に道中で書いた旅日記です。おそらく、この旅日記の著者は歴

表序－1　『江戸ヨリ唐津迄道中記』に見る歩行距離

日数	出発地	宿泊地	歩行距離（km）
3月5日	日本橋	戸塚	41.1
3月6日	戸塚	小田原	40.0
3月7日	小田原	三島	31.3
3月8日	三島	由比	38.5
3月9日	由比	藤枝	43.8
3月10日	藤枝	袋井	35.7
3月11日	袋井	新居	39.3
3月12日	新居	藤川	39.1
3月13日	藤川	桑名	66.4（陸路は39.1）
3月14日	桑名	関	39.8
3月15日	関	石部	40.5
3月16日	石部	伏見	41.3
3月17日	伏見	西宮	52.1
3月18日	西宮	明石	39.0
3月19日	明石	姫路	35.1
3月20日	姫路	有年	27.3
3月21日	有年	藤井	39.0
3月22日	藤井	川部	28.6
3月23日	川部	神辺	34.4
3月24日	神辺	三原	36.0
3月25日	三原	西條	33.2
3月26日	西條	海田市	19.5
3月27日	海田市	玖波	35.1
3月28日	玖波	高森	29.3
3月29日	高森	福川	36.2
3月30日	福川	小郡	23.9
4月1日	小郡	吉田	41.3
4月2日	吉田	小倉	31.2（陸路は19.5）
4月3日	小倉	赤間	36.5
4月4日	赤間	姪濱	40.5
4月5日	姪濱	唐津	37.5

出典：（著者不詳）『江戸ヨリ唐津迄道中記』1846、筆者所蔵より作成

史に名を残すような人物ではなく、名もなき一般庶民だったと思われます。

ここでは、『道中記』の記述内容を手掛かりとして、近世の長距離徒歩旅行の一端を「歩行距離」の視点から探ってみましょう。

表序－1は、『道中記』の内容から、江戸～唐津間の日付、毎日の出発・宿泊地と歩行距離を一覧にしたものです。『道中記』を通読すると、旅のルートが浮かび上がってきます。三月五日に江戸日本橋を出発してからは、東海道を直進して京都に向かい、そこから山陽道経由で中国地方を下関まで

横断し、九州上陸後は唐津街道を歩いて唐津に到着して、四月五日に三一日間の旅が終わりを迎えました。総延長一一〇〇kmあまりの一大徒歩旅行です。

この旅人が江戸~唐津間をどの位のペースで歩いたのか、その歩行距離の内訳を見ていきましょう。三一日間の足取りを振り返ると、一日平均で約三五・九kmを歩いたことがわかります。最も長い距離を歩いたのは、三月一七日の伏見~西宮間(五二・一km)です。全般的に、毎日の歩行のペースに大幅な上下動はなく、コンスタントに長距離を歩き続けています。

こうして数字を追いかけてみると、この人物は現代人から見れば驚くほどの健脚でした。しかし、『道中記』の著者は特殊な歩行能力を持っていたわけではありません。

近世後期に東北地方から伊勢参宮の徒歩旅行をした庶民男女による約四〇編の旅日記を分析すると、彼ら彼女らは、一日平均で三五kmほどの距離を歩いていました。[8] 近世人にとって、この位の距離を数ヵ月間、毎日のように歩き続けることは、男女の別を問わず当たり前の行動だったのでしょう。逆に言えば、この時代に遠くの土地まで旅をするには、三〇kmを超える距離を連日歩き通せるだけの健脚を持っていることが大前提だったのです。

文化七(一八一〇)年に刊行されて以降、多くの人びとに読まれた『旅行用心集』という旅行案内書があります。著者の八隅盧庵は、旅の心得の一つとして、「富貴の人にても生得病身にて心にのみやたけに思ふとも 自ら旅行し珍敷勝景を見て 山坂を歩行 大山霊場に登ることあたはず」[9]と書きました。盧庵いわく、どんなに金持ちでも、健康体でなければ、自らの脚で歩いて道中の珍しい景色を

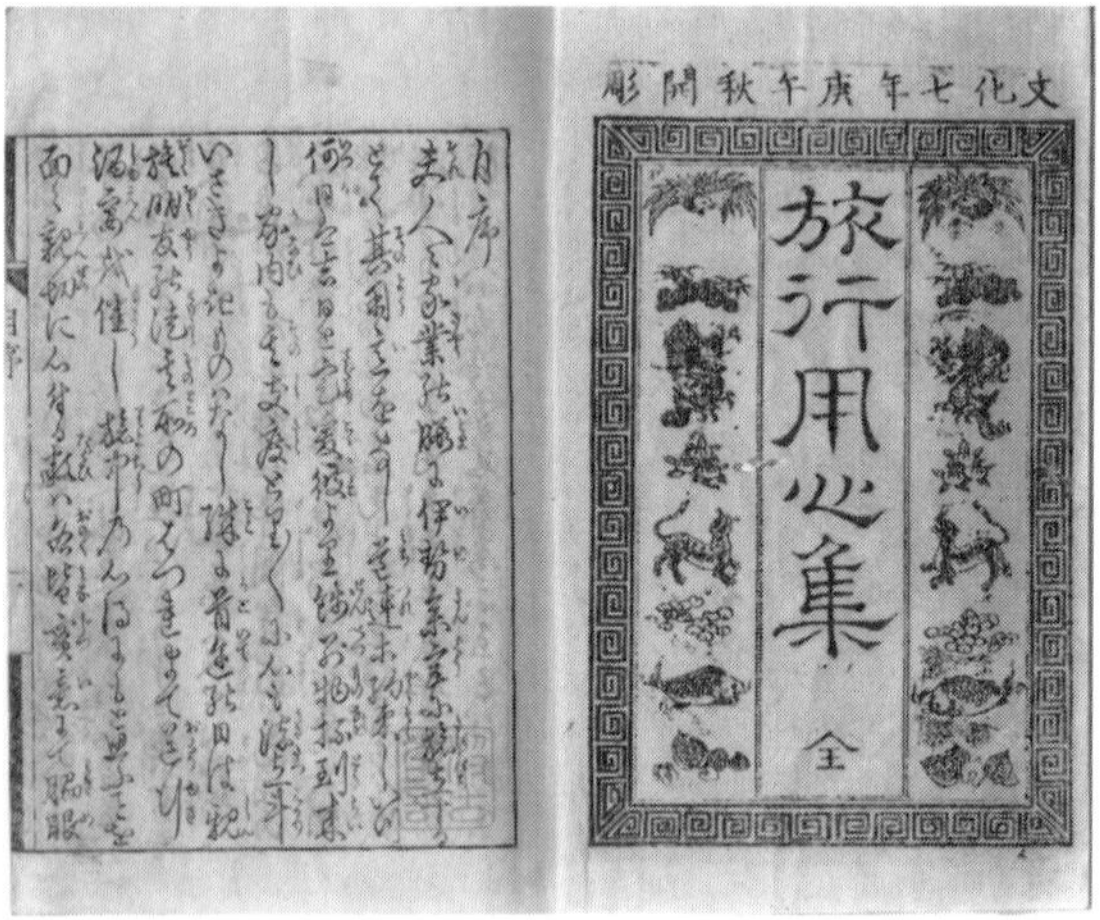

図序－２　『旅行用心集』

出典：八隅蘆庵『旅行用心集』須原屋茂兵衛伊八、1810、１丁、筆者所蔵

眺めたり、山道を登って神社仏閣に参詣することもできず、本当の意味で旅を楽しめないと言うのです。この時代に長距離徒歩旅行をするという行為そのものが、健康であることの証明だったと言えるのかもしれません。

4　歩く旅を支えた幕府の交通政策

近世に長距離徒歩旅行が実現した背景には、徳川幕府の交通政策の存在がありました。近世初頭、幕府は参勤交代制度を確立するために、各地の大名が江戸と諸国をスムーズに往来できるように、主要な街道の整備に取り掛かりました。幕府がまず着手したのは、五街道（東海道・中山道・日光街道・甲州道中・奥州道中）を整備することです。

幕府は街道の両側に一里（三・九㎞）ごとに土を盛り、その上に樹木を植えて距離の目安となる「一里塚」を設置しました。図序－3は、元禄三（一六九〇）年に成立した『東海道分間絵図』(10)から、東海道の生麦～子安間のエリアを切り取ったものです。中央には、街道の両脇に一里塚が描かれています。一里塚によって、旅人はそこに至るまでの距離や、次の目的地までの距離を知ることができたのです。

街道筋の分岐点には「道標」が置かれました。これは現代の道路標識に当たるもので、方角や距離の情報が文字で記されています。図序－4は、東京都板橋区の志村に現存する道標で、中山道から富士・大山道に分岐する場所に建てられました。左側の写真は寛政四（一七九二）年の建立で、「是より大山道并ねりま川こへみち」（是より大山道ならびに練馬・川越道）と刻まれています。右側の写真は万延元（一八六〇）年に建立された道標で、側面に「是ヨリ富士山大山道」と刻まれた石塔です。道標は必ずしも幕府によって設けられたものではありませんが、記載された文字情報によって、旅人は方角に迷うことなく歩けました。

図序－3　『東海道分間絵図』に描かれた一里塚と並木（部分）

出典：遠近道印作・菱川師宣画『東海道分間絵図　第1帖』板木屋七郎兵衛、1690、国立国会図書館蔵

図序－4　近世に設置された街道筋の道標（筆者撮影）

距離や方角を示すもの以外にも、幕府は街道沿いの多くの場所に「並木」を植えました。先に見た『東海道分間絵図』にも、道の両側に植栽された松並木が描かれています。並木は、ある時は旅人に木陰を提供し、ある時は風雨や降雪から身を守る役割を果たし、徒歩の旅をより快適にする設備でした。

幕府の交通政策は、もともとは武士の参勤交代を円滑にするためのものでしたが、結果として長距離徒歩旅行の環境を整え、旅ブームの到来を後押ししたと言えるでしょう。

5　関所越えと手形

徳川幕府は、治安維持のために街道の要衝に関所を設置しました。延享二（一七四五）年の時点で、関東を中心として各地に五三ヵ所の関所が設けられています[11]。

関所を越える広範囲の旅をする時には、原則として関所手形と往来手形の携行が必要でした。関所手形は旅人の名主や大家が発行するもので、旅行先や目的が記され、関所の通行を願い出る形式の書状です。寛政九（一七九七）年八月二日に多摩郡日野（現在の東京都日野市）の名主、七郎左衛門が発行した関所手形には、「此者壱人高尾山迄罷通申候、御関所無相違御通可被下候⑫」と、高尾山参詣のために関所を通してほしいと記されています。

旅人にとって必携の身許証明書が往来手形です。名主、庄屋、檀那寺など、旅人の身許保証人が発行しました。多摩郡日野で享和四（一八〇四）年に発行された往来手形には、「往来一札之事」として次のような文言が記されています。

「此治兵衛と申者、代々禅宗ニ而拙寺檀那ニ紛無御座候、此度依志願ニ諸国神社仏閣参詣ニ罷出申候、御関所無相違御透シ可被下候、若シ行暮及難義ニ候節□、其村方江一宿被仰付可被下候、万一相煩相果候節□、其所御役人中以御慈悲ヲ其所江葬置被下、幸便之節為御知可被下候、為往来一札、依而如件⑬」（傍線、引用者）

この往来手形には旅人の名前（治兵衛）、所属する檀那寺の宗旨（禅宗）、旅の目的（諸国神社仏閣参詣）が記され、道中で困った時には村に宿泊させてほしいと書かれています。傍線部の文面は、万が一道中で死亡した場合、その土地の作法で葬ってほしいという意味です。手形の書面はほぼ定型文でしたが、交通インフラの整備が進み、道中の安全が確保されていた一九世紀にも、旅は少なからず死の危険を伴う行動だったことがわかります。

全国各地に張り巡らされた関所網は、「入り鉄砲に出女」を監視することが主な役割でした。諸大名の謀反を警戒した幕府は、武器類の江戸への持ち込み（入り鉄砲）と、江戸に人質として住まわせた諸大名の妻女が関所の外側へ出ること（出女）を厳格に取り締まっていたのです。そのため、男性は関所手形を持っていなくても、往来手形を所持していれば関所を通過できました。

しかし、往来手形は身許保証人の許可を得て発行される書状なので、無断で遠くの土地へ旅立つようなケースでは、無手形で旅をしなければなりません。第5章に登場する勝小吉は、家出同然の抜け参りをしたため、無手形で旅を続けています。また、第3章の吉田松陰は、武士の身分で往来手形の発行を待たずに旅立って脱藩の罪を背負いました。

一方、女性が関所を通過するためには関所手形（関所女手形とも称する）が必携で、関所では体の細部にまで及ぶ厳重な取り調べを受けました。幕府が諸国に設置した五三ヵ所の関所のうち、往来手形のみで女性の通行を許可した関所は皆無で、関所手形の提示と取り調べのうえで女性を通過させていた関所が三二ヵ所、さらには女性の通行そのものを許可しない関所も二一ヵ所存在したそうです(14)。

このように、女性は各地の関所事情をあらかじめ調べたうえで出発する必要がありました。第4章の清河八郎の旅は、母を連れ立った無手形の抜け参りでしたので、関所を迂回するルートを選択し、時には案内人を伴って関所破りも決行しています。

6 旅の目的とルート選択

近世の旅は徒歩移動が基本でしたが、人間の歩くスピードで進行する旅だからこそ、目的地間の道中での見聞が重視されました。旅人は、道中の名所旧跡や神社仏閣を訪ね、名物を食べ、土産物を購入するなど、滅多にない旅の機会に貪欲に好奇心を満たしたのです。

前述したように、近世の長距離の旅には原則として手形が必要でした。観光旅行では、手形に記載する旅の行先や目的は各地の神社仏閣を書くのが慣例でしたが、そこに記された寺社は旅の真の目的ではなく、名目上設定した目的地に過ぎません。御利益に定評のある寺社への参詣を旅の目的としておけば、お咎めなしで手形が発行されたからです。

こうして、伊勢神宮をはじめ信仰を集めた寺社への参詣を大義名分に、その目的地間の道中も丸ごと楽しむ観光旅行が全国的な流行を見せます。随筆作家の喜多村筠庭は、天保元（一八三〇）年刊行の『嬉遊笑覧』の中で、当時の旅の傾向として「神仏に参るは傍らにて、遊楽をむねとす。伊勢は順路なれば、かならず参宮す。[15]」と書きました。伊勢参宮はまるでついでのような扱いです。近世の旅人にとって、寺社への信仰は旅立ちの口実に過ぎず、旅の真の目的は道中の異文化に触れて楽しむことだったように思えて仕方がありません。

こうした実態を反映するように、近世の旅では、目的地の寺社に対する往復路で異なるルートを組み、目的地よりも遠くへ足を延ばしてから帰る傾向もみられました。

『旅行用心集』には、「東国の人ハ伊勢より大和、京、大坂、四国、九州迄も名所、旧跡、神社、仏閣を見回り、西国の人は伊勢よりも江戸、鹿嶋、香取、日光、奥州松島、象潟、信州善光寺迄拝ミ回らんことを願ふなり。[16]」と記されています。伊勢参宮を果たした後に、さらに遠くまで旅することを推奨した文面です。

一つ事例を紹介しましょう。図序-5は、安政六（一八五九）年に金田一村（現在の岩手県二戸市）から伊勢参宮をした福田福松の旅日記[17]をもとにルートを地図上に復元したものです。

福松は在地を出立後、奥州街道に合流し、途中日光に参詣してから江戸へ向かいました。続いて東海道と伊勢参宮道を歩いて伊勢参宮を果たした後は、熊野、高野山、奈良、大坂、京都など近畿の名立たる観光地を周遊し、大坂からは船で瀬戸内海を移動して四国の丸亀まで足を延ばします。金毘羅神社への参詣後は船で岡山に上陸し、山陽道で京都付近まで戻った後は、中山道経由で善光寺に参詣し、さらに新潟方面に進んで日本海沿岸を北上して自宅に帰着しました。同じエリアを通らずに道中を満喫した、見事な周回ルートです。

福田福松のように、伊勢到着後に中国・四国地方まで足を延ばすケースは、東北地方だけではなく、関東地方からの伊勢参宮でも広く一般化していました。[18]現代人の旅は、出発地と目的地をストレートに結ぶ「点と点の旅」ですが、近世の旅は行き帰りの道中を楽しむ「線の旅」であり、さらには「面の旅」でもあったと言われる所以です。[19]

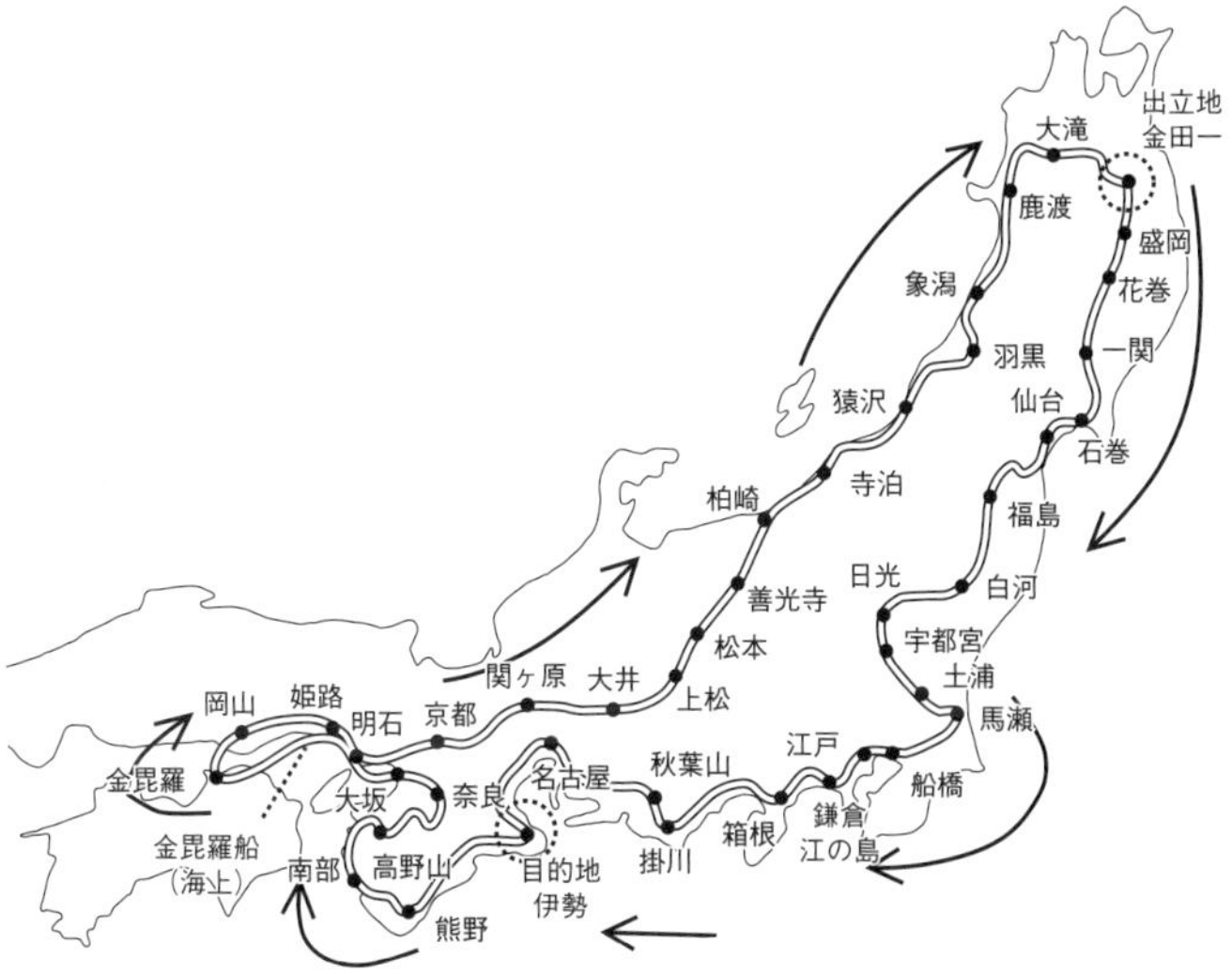

図序－5　福田福松の伊勢参りのルート

出典：福田福松「伊勢参宮并熊野三社廻り金毘羅参詣道中道法附」二戸市史編さん委員会編『二戸史料叢書　第六集』二戸市教育委員会、2003、pp. 219-252より作成

このように、近世の人びとは旅の目的に応じてルートを選択し、日本を周遊する観光旅行の世界を創り上げていきました。そのため、旅の目的が異なればルートも変わってきます。本書の登場人物で言えば、異文化に触れて見聞を広めることを目的とした吉田松陰、清河八郎の旅は周回ルートを取りましたが、測量がメインの伊能忠敬の旅はほぼ一本道を往復するルートです。

　当時の旅人が、十分に旅行計画を練ったうえで長距離徒歩旅行に臨んでいたことがわかります。

7　歩く旅の情報源となった旅行案内書

近世の旅人たちがルートを自在に選び取ることができたのは、彼らが日本全国の街道事情を知っていたからです。とくに近世後期には、旅に出るための情報が盛り込まれた旅行案内書が普及していきます。前述した『旅行用心集』も、当時多くの人に読まれた旅行案内書の一冊です。

旅行案内書の中には、街道の位置関係や宿場間の距離情報を地図上に描き込んだ書物もありました。図序－6は、嘉永三（一八五〇）年刊行の『改正増補大日本國順路明細記大成』[20]です。ここには江戸を中心とした部分のみを掲載しましたが、当時の日本全国だけではなく、北は蝦夷地、南は琉球、さらには朝鮮半島までカラー印刷で描かれています。折り畳むと携帯サイズになる便利なアイテムでした。宿場間の距離も書き込まれているので、目的地までどのくらい歩けばよいのか、今日は日没までにどこまで歩けそうか、明日はどこに宿泊しようかなど、事前の旅行計画の立案はもちろんのこと、旅行中のルート変更も含めて仲間内での作戦会議に役立ったことでしょう。よく見ると、各地の位置関係はかなりアバウトですが、徒歩移動が中心の当時の旅では、これで十分でした。

地図タイプのもの以外にも、文字情報がメインの旅行案内書も多数出回っていました。図序－7は、文化二（一八〇五）年刊行の『早見道中記』[21]の見開きページで、東海道の日本橋～品川間、品川～川崎間が取り上げられています。ルートの図版がない分、宿場間の距離、人馬を雇う賃金、神社仏

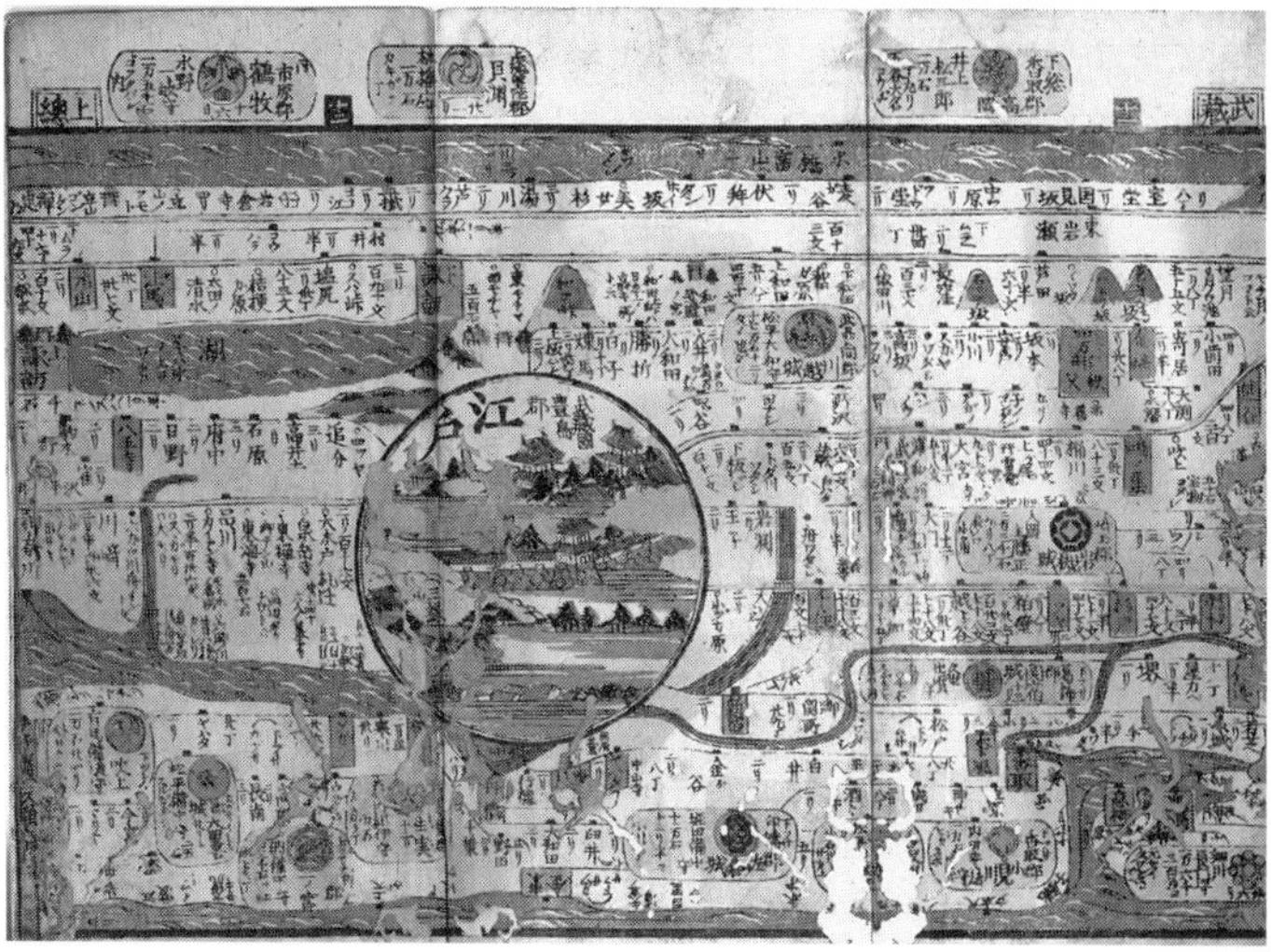

図序－6　『改正増補大日本國順路明細記大成』（部分）

出典：山崎久作『改正増補大日本國順路明細記大成』甘泉堂和泉屋市兵衛、1850、筆者所蔵

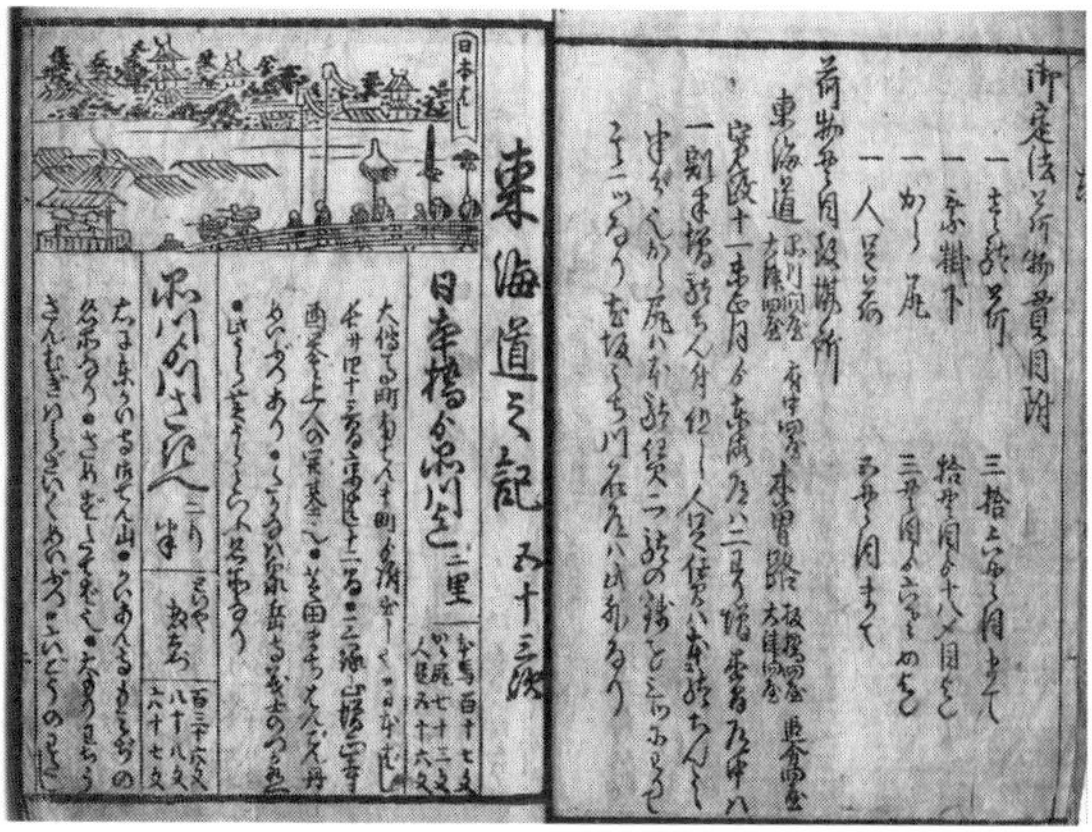

図序－7　『早見道中記』

出典：十返舎一九 序『早見道中記』東武書房、1805、1－2丁、筆者所蔵

閣、名所、名物、名産品などの文字情報が満載です。片手に収まるほどのハンディタイプで、旅先で持ち歩くことを意識して制作されたと考えられます。

旅の途中で、土地の情報が記された書物を手にすることもありました。吉田松陰は新潟で『北越雪譜』という地誌を買って読んでいますし、清河八郎も京都で『都名所図会』を入手して上方観光に役立てています。旅行案内書の存在は、近世の旅人が長期間にわたって長い距離を歩くことを情報の側面からサポートする貴重なアイテムだったのです。

8　近世の貨幣価値と旅の費用

旅をするには、旅費が必要です。とくに、都市の貨幣経済が街道筋まで浸透した近世後期には、旅行中の大半の出来事を金銭と引き換えに解決できる環境が整いました。

本書には、金銭に関わる記述がたびたび登場します。その予備知識として、近世後期の貨幣価値を一覧にしたものが表序－2です。近世には「金」「銀」「銭」という単位の異なる三種類の通貨が同時に流通していましたが、近世後期の交換相場では、金一両は銀七五匁、銭六三〇〇文に相当します。

当時の物価を現代的な貨幣価値に置き換えることは至難の業です。しかし、目安として換算する場合、同じ職種の賃金を比べて現代の感覚に置き換える方法、そして米の値段を比較する方法がありま す。こうしたやり方で価値換算を試みると、一両の値段は、賃金ベースでは約三〇万円、米価では約

表序－2　貨幣価値の一覧

換算単位	金（両）	銀（匁）	銭(文)	現代感覚（賃金より換算）	現代価値（米価より換算）
金1両	1両	75匁	6300文	30万円	5万5555円
銀1匁	0.0133両	1匁	84文	4000円	666円
銭1文	0.0002両	0.0119匁	1文	47.6円	8.8円

出典：磯田道史『武士の家計簿』新潮社、2003、p.55より作成

五万五五五五円になるそうです。

　近世の旅には、どのくらいの金額が必要だったのでしょうか。弘化二（一八四五）年、多摩郡喜多見村（現在の東京都世田谷区）から、田中国三郎という農民男性が仲間たちと伊勢に旅立ちました。彼は特別に裕福な人物ではなく、村人が少しずつ旅費を積み立てて代表の複数名が伊勢参宮を行う「代参」の形式で旅費を工面しています。

　几帳面な国三郎は、およそ八〇日間の道中で使った旅費の支出内訳を『伊勢参宮覚』[22]という旅日記に漏れなく書き残しました。記述内容から計算すると、旅費の総額は五両五貫七七一文（三万七二七一文）になります。現代の貨幣価値では、賃金ベースで約一七七万四七〇〇円、米価では約三二万八五九五円というイメージです。

　一方、経済的にゆとりのある人物なら、個人負担で旅費を用立てることができました。文久二（一八六二）年、由利郡本庄（現在の秋田県由利本荘市）の裕福な商家の女性、今野於以登は、約一五〇日間の伊勢参宮の旅費明細を『参宮道中諸用記』[23]に記録しました。於以登は、総額で三〇両四〇五四文の旅費を使っています。現代の貨幣価値では、賃金ベースで九〇〇万円以上、米価でも一七〇万円を超える大金です。田中国三郎の旅費総額が五両程度で

したので、於以登は桁違いに豪華な旅をしていたことがわかります。
道中の金払いの程度は、その旅人の日常的な生活水準と大いに関係があったようです。

9　歩く旅の流行は文明社会の象徴

近世の人びとが旅をするうえでは、読み書きの素養を備えていることが大前提でした。文字が読めなければ、旅行案内書から各地の情報を入手することはできませんし、街道の分岐点に建てられた道標から進むべき方角を知ることもできないからです。本書で主な史料として用いる旅日記も、旅人が文字を書けなければ今日に残ることはありませんでした。

日本人の多くが全国各地から歩いて伊勢参りをしたという事実は、近世の人びとが読み書きの能力を高水準で身に付けていたことを物語ります。その理由は、教育にありました。

近世は教育機関が発達した時代です。庶民の子どもは寺子屋に学び、武士の子弟は藩校に通い、より高度な教育は私塾が担いました。明治政府が編纂した『日本教育史資料』によると、全国的な寺子屋開業数は一八世紀末より増加傾向を見せはじめ、それが化政期（一八〇四〜三〇）頃を境に一層顕著になり、幕末にかけてさらに普及していきました[24]。明治初期の時点で、日本全国には七万五〇〇〇の寺子屋、六五〇〇の私塾が存在したそうです[25]。

近世の人びとは、幼少期に寺子屋や藩校に通って読み書きを学ぶことで、次第に識字率を向上させていきました。この時代には義務教育は存在しなかったため就学率には地域差があったものの、幕末期の江戸市中の就学率はおよそ八割六分強に及んだと言われています[26]。驚くべき国民教育のパワーです。

こうして、近世の人びとは、旅行案内書を熟読して旅に関する知識を深め、街道のさまざまな表示を読み取って自身の行動を選択し、道中での記録として旅日記を書き綴れるようになりました。私たちが、旅人が書いた日記から生き生きとした道中の模様を知ることができるのも、この時代の高い教育力のおかげなのです。

近世人の歩く旅は、教育機関の発達による識字率向上のほかにも、庶民の経済成長、貨幣経済の浸透、交通インフラの整備、旅行業の発展、そして泰平の世の実現など、さまざまな複合的な要因が作用して可能になりました。社会的な諸条件が成熟していたからこそ、日本中の多くの旅人が安心して旅の世界に身を投じることができたのです。

近世の人びとが好んだ長距離徒歩旅行は、高度に発達した文明社会の象徴だと言っても過言ではありません。

〈注記及び引用・参考文献〉

（1） 箕曲在六輯「御蔭参宮文政神異記　上」神宮司庁編『大神宮叢書　第四』西濃印刷岐阜支店、一九三五、五〇六―五〇九頁

(2) 村尾嘉陵「嘉陵紀行」朝倉治彦編『江戸近郊道しるべ』平凡社、一九八五
(3) フロイス「日欧文化比較」岡田章雄訳注『ヨーロッパ文化と日本文化』岩波書店、一九九一、二七頁
(4) 貝原篤信編録『養生訓　巻第一』浪花岩井寿楽蔵板、一八三四、一七丁
(5) 同上、一二丁
(6) 杉田玄白「養生七不可」三宅秀・大沢謙二編『日本衛生文庫　第一輯』教育新潮研究会、一九一八、七頁
(7) 著者不詳『江戸ヨリ唐津迄道中記』一八四六
(8) 谷釜尋徳『歩く江戸の旅人たち』晃洋書房、二〇二〇、一三頁
(9) 八隅蘆庵『旅行用心集』須原屋茂兵衛伊八、一八一〇、二丁
(10) 遠近道印作・菱川師宣画『東海道分間絵図　第一帖』板木屋七郎兵衛、一六九〇
(11) 「諸国御関所書付」国書刊行会編『続々群書類従　第七』続群書類従完成会、一九六九、七五二—七五四頁
(12) 「寛政九年八月二日　関所手形」日野市史編さん委員会編『日野市史史料集　近世2　社会生活・産業編』日野市史編さん委員会、一九七九、一四九頁
(13) 「享和四年三月　往来手形」日野市史編さん委員会編『日野市史史料集　近世2　社会生活・産業編』日野市史編さん委員会、一九七九、一四七頁
(14) 金森敦子『関所抜け　江戸の女たちの冒険』晶文社、二〇〇一、二五頁
(15) 喜多村筠庭「嬉遊笑覧　巻之七」長谷川強ほか校訂『嬉遊笑覧（三）』岩波書店、二〇〇四、三八一頁
(16) 八隅蘆庵、前掲書、一丁
(17) 福田福松「伊勢参宮并熊野三社廻り金毘羅参詣道中道法附」二戸市史編さん委員会編『二戸史料叢書　第六集』二戸市教育委員会、二〇〇三、二一九—二五二頁
(18) 小野寺淳「道中日記にみる伊勢参宮ルートの変遷——関東地方からの場合——」『筑波大学人文地理学研究』一四号、一九九〇、二三一—二五五頁

(19) 新城常三『庶民と旅の歴史』日本放送出版協会、一九七一、一二四頁
(20) 山崎久作『改正増補大日本國順路明細記大成』甘泉堂和泉屋市兵衛、一八五〇
(21) 十返舎一九 序『早見道中記』東武書房、一八〇五、一—二丁
(22) 田中国三郎「伊勢参宮覚」『伊勢道中記史料』東京都世田谷区教育委員会、一九八四、一—四一頁
(23) 今野於以登「参宮道中諸用記」『本荘市史 史料編Ⅳ』本荘市、一九八八、六一〇—六四一頁
(24) 文部省編『日本教育史資料八・九』文部省、一八九二
(25) 大石学『江戸の教育力——近代日本の知的基盤——』東京学芸大学出版会、二〇〇七、七六頁
(26) 利根啓三郎「民衆の教育需要の増大と寺子屋」講座日本教育史編集委員会編『講座日本教育史 第二巻 近世Ⅰ／近世Ⅱ・近代Ⅰ』第一法規出版、一九八四、一九九頁

第1章

松尾芭蕉

芭蕉は本当に健脚だったのか？

1 はじめに

近世前期に活躍した俳諧師の松尾芭蕉は、東北・北陸地方を巡る長旅をしたことで知られます。旧暦の元禄二（一六八九）年三月二七日に江戸を出立して各地を行脚し、同年八月二一日に美濃国の大垣で旅の終着を迎えました。旅先の風景をもとに詠んだ数々の名句は、元禄一五（一七〇二）年刊行の『おくのほそ道』に収められています。

『おくのほそ道』の記述内容からは、松尾芭蕉の歩いた旅程の概要を把握することができます。従来、芭蕉は稀有な歩行能力の持ち主だと解釈されてきました。その説を支える指標として頻繁に用いられるのが、全行程の総移動距離です。すなわち、全行程およそ六〇〇里（約二四〇〇㎞）を主に徒歩で移動したことをもって、健脚ぶりが評価されてきたのです。時として、その健脚なイメージが

「芭蕉忍者説」[1]の根拠のひとつに用いられることもありました。[2]

金森敦子は、松尾芭蕉の一日平均の歩行距離を割り出し、[3]道中の出来事と併せて毎日の移動距離も提示しています。[4]しかし、金森の文学研究の視点は、芭蕉の歩行能力の解明に向けられていたわけではありませんでした。実のところ、松尾芭蕉の健脚はこうした大まかなイメージだけを頼りに語られてきたに過ぎません。当時の実情に照らして、松尾芭蕉が本当に稀有な歩行能力の持ち主だったのかどうか、その検証はなされてこなかったのです。

ところで、『おくのほそ道』は事実に忠実な旅行記というよりは文学作品の趣が強く、ところどころ意図的に事実を曲げている箇所も見られます。[5]だとすれば、『おくのほそ道』に基づいて芭蕉が道中でどのように歩いたのかを把握する作業は、精度を欠いた方法論だということになります。

一方、松尾芭蕉はこの旅に弟子の河合曾良を随行させていますが、曾良も道中で日記を付けていました。この『曾良旅日記』には、毎日の道程や宿泊地だけではなく、道中の行動が天候の推移や時刻を伴って淡々と記されています。曾良の無味乾燥にも見える旅日記は、道中の歩行にまつわる諸事情を知るための有用な情報を提供してくれます。旅先で病を患った曾良は、旅の終盤に芭蕉と別れて先へ向かうことになりましたが、[6]それまでの間はほとんど芭蕉と行動を供にしていました。『曾良旅日記』は、芭蕉の行動を把握する上で格好の史料だと言えるでしょう。

本章では、『曾良旅日記』の分析を中心に、以下の順序をもって松尾芭蕉の歩行能力の検証を試みます。まず①『曾良旅日記』の分析を通して、松尾芭蕉の歩行距離の傾向を明らかにし、次に②芭蕉の歩行能力を相対化するために、いくつかの旅日記と比較検討を行い、さらに③『曾良旅日記』の記述をもとに、芭蕉の毎日の歩行がどのような要因に影響を受けていたのかを確認していきましょう。

2 諸前提の整理

『おくのほそ道』について

寛永二一(一六四四)年生まれで伊賀(現在の三重県伊賀市)の山中で育った松尾芭蕉は、藤堂良忠のもとで俳諧を学びます。二〇代後半で江戸に出て職業的な俳諧師の道を歩み、隠居後は江戸市中の深川に移り住みました。以降、没年までに各地を旅して数々の発句や紀行文を残し、元禄七(一六九四)年に旅先の大坂にて五一歳で病死します。本章で取り上げる『おくのほそ道』の旅は、芭蕉が四六歳の時の出来事でした。

松尾芭蕉の『おくのほそ道』は、元禄七(一六九四)年に成立し、芭蕉の死後の元禄一五(一七〇二)年に刊行されました。多くの翻刻本が出版されていますが、ここでは、萩原恭男の校注による岩波文庫本(7)を底本として用います。本書は『奥の細道』『おくのほそみち』などとさまざまに表記されますが、本章では底本にならって『おくのほそ道』に統一しました。

芭蕉が『おくのほそ道』の旅をした目的の一つは、みちのくの歌枕を訪ねて俳諧を探求することにあったとされますが、彼は全く無計画に歩き回っていたわけではありません。出立前の元禄二(一六八九）年正月に芭蕉が弟子に宛てた書簡には、旧暦の三月に塩釜の桜が開花する時期に合わせて旅をし、初秋か冬に入るまでには北陸を経由して美濃、そして尾張に到着する予定だと記されています(8)。ここから逆算して日々の移動距離まで綿密に算出した形跡はありませんが、芭蕉は一定の計画性のもとに道中を歩いていたと言えるでしょう。

『曾良旅日記』について

慶安二（一六四九）年生まれの河合曾良は、信州上諏訪（現在の長野県諏訪市）で育ち、二〇歳の時分には伊勢国長島藩（現在の三重県桑名市）に仕えました。後に江戸で神道や歌学を修め、やがて芭蕉に師事するようになります。晩年には幕府の諸国巡検使に加わり、壱岐国（現在の長崎県壱岐市）で六〇歳で病死したと伝えられています。芭蕉の『おくのほそ道』の旅に随行したのは、四一歳の時でした。

『曾良旅日記』は、松尾芭蕉に随行した河合曾良による自筆の記録です。近世に出版物として世に出ることはありませんでしたが、芭蕉の奥州行脚の全容を知り得る貴重な文献です。曾良は不特定多数の人びとに読まれることを前提にこの日記を書いたわけではなく、文書に表題は付けられていません。『曾良旅日記』とは後世の研究者らが便宜的に用いた通称ですが、本章ではこの表記を採用します。萩原恭男の校注による岩波文庫本(9)を底本として用いました。

芭蕉は『おくのほそ道』の中で、随行者としての曾良を「曾良は河合氏にして惣五郎と云へり。芭蕉の下葉に軒をならべて、予が薪水の労をたすく。このたび松しま・象潟の眺共にせん事を悦び、且は羈旅の難をいたはらんと、旅立暁髪を剃て黒染にさまをかえ、惣五を改て宗悟とす。[10]」と紹介しました。普段から芭蕉の生活を世話していた曾良（惣五郎）は、旅立つ前に髪を剃って名前も宗悟という法名に改めたことがわかります。[11]随行者としての主な役割は、芭蕉が道中で遭遇するであろうさまざまな苦難を助けることでした。

松尾芭蕉の旅装

連日のように長距離を歩き続ける近世の旅において、旅人のいで立ちは歩行運動に大きく影響します。以下では、松尾芭蕉がどのような服装で、どのような荷物を持って歩いたのか見当をつけておきましょう。

図1－1は、元禄六（一六九三）年に弟子の森川許六が芭蕉と曾良の旅姿を描いた『奥の細道行脚之図[12]』です。前方を歩く芭蕉は頭巾をかぶり、黒染めの僧衣を身にまとっています。手には笠と杖を持ち、脚絆を装着し、素足に草鞋履きの旅装です。後方に描かれた曾良も、芭蕉と同じく僧衣で前後に振り分けた荷物を下げています。両者とも、衣は膝下までかかる着丈ですが、下肢の可動域に強い制限がかかっていたようには見えません。

また、図1－2は、安永七（一七七八）年に与謝蕪村が編纂した『奥の細道画巻[13]』の中から、芭蕉と曾良を描いた部分を抜き出したものです。向かって左側が芭蕉、右側が曾良という構図で並んでいます。二人の旅装を見ると、携行品も含めて、『奥の細道行脚之図』と基本的に同じスタイルで描かれていることがわかります。

旅装のうち、芭蕉が特に気にかけていたのが草鞋です。貞享四（一六八七）年の旅をまとめた『笈の小文』に旅行中の切実な願いとして「草鞋のわが足によろしきを求ん[14]」と綴られているように、芭蕉は足回りにこだわりを持っていました。

『おくのほそ道』によると、芭蕉の所持品は「帋子一衣は夜の防ぎ、ゆかた・雨具・墨・筆のたぐひ[15]」だったそうです。帋子（紙子）とは、紙で作った保温性のある衣料で、旅先では重宝しまし

図１－１　松尾芭蕉と河合曾良の旅装①

出典：森川許六「奥の細道行脚之図」天理大学附属天理図書館編『新天理図書館善本叢書 第34巻　芭蕉集　自筆本・鯉屋物』八木書店、2020、口絵

図１－２　松尾芭蕉と河合曾良の旅装②

出典：与謝蕪村「奥の細道画巻　上巻」『奥の細道画巻』豊書房、1973、p. 5

た。その他、浴衣、雨具、筆記用具等を携行しているものの、比較的軽装で旅をしたことがわかります。『笈の小文』にも持ち物が記されていますが、「かみこ壱つ、合羽やうの物、硯、筆、かみ、薬等、昼笥」[16]とあり、薬品や昼食を除けば上記と同じく最低限の必需品の携行にとどまっています。

　このように、松尾芭蕉は連日の長距離歩行に適した旅装を整えていました。芭蕉の歩行運動は、こうした旅装面での工夫にも支えられていたのです。

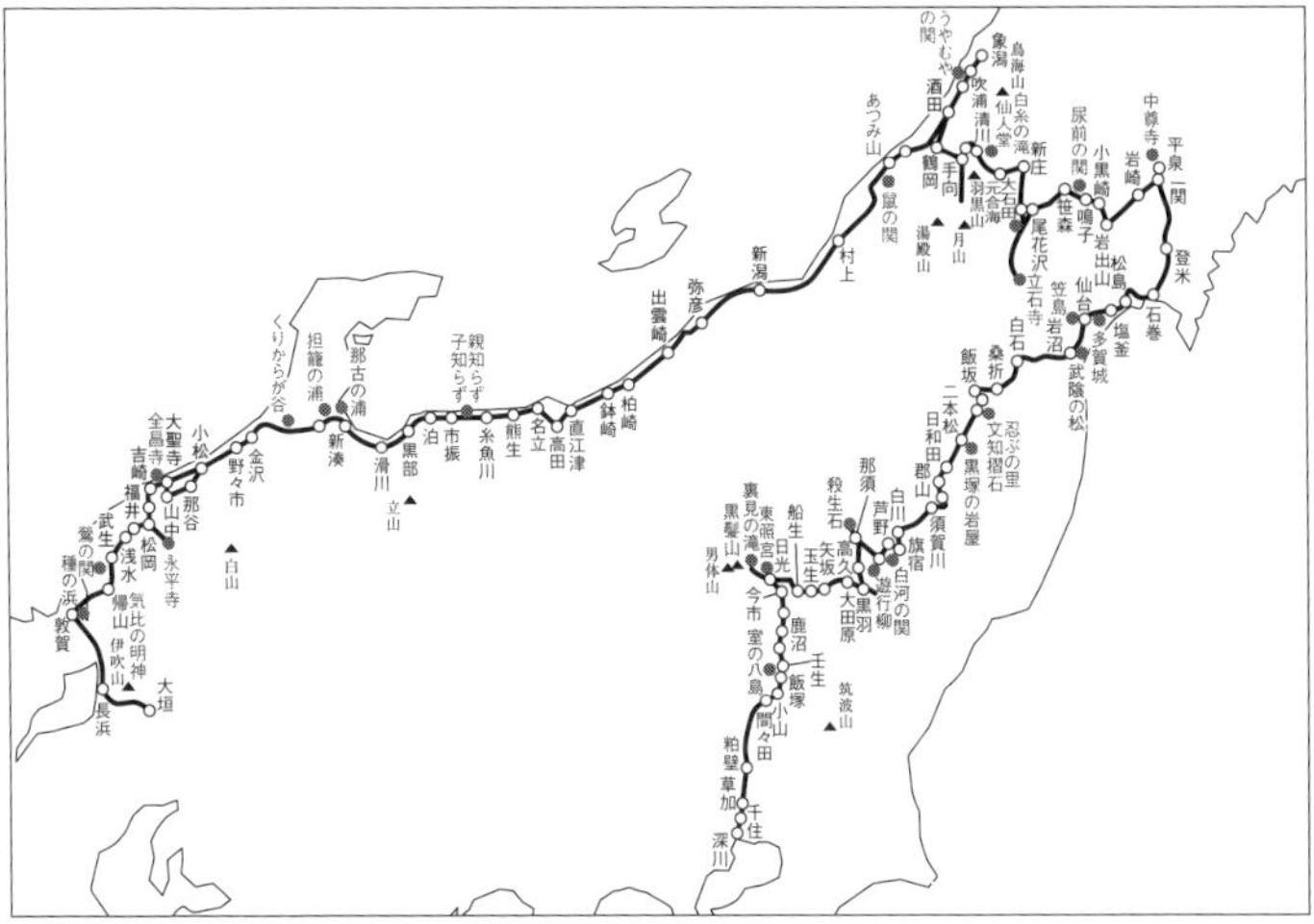

図１－３　松尾芭蕉の旅のルート

出典：佐藤勝明『松尾芭蕉と奥の細道』吉川弘文館、2014、p. 7 より作成

3　松尾芭蕉の歩行距離の傾向

ここでは、松尾芭蕉の歩行能力を「距離」に着目して考察します。芭蕉の歩行距離は、次の方法で算出しました。

歩行距離の計算方法

芭蕉が通行した主要なルートは、図１－３の通りです。街道筋の宿場の配置とその距離間隔の情報は、近世に出版された旅行案内書から知ることができます。本章では、嘉永三（一八五〇）年刊行の『改正増補大日本國順路明細記大成』[17]の記述内容を主な拠り所としました。『曾良旅日記』には、毎日の記録として宿泊した宿場の名称が記されているので、当日出立した宿場から宿泊した宿場までの距離を足していけば、一日あたりの歩行距離が浮かび上がってきます（一里＝三六丁＝三・九㎞、一丁＝六〇間＝一〇九mで計算）。

ただし、この方法で明らかにした歩行距離とは、図1－3に示したような主要なルートをひたすら歩いた場合の数値で、途中脇道にそれて名所や神社仏閣に立ち寄った分の距離までは正確にカウントされていません。松尾芭蕉は、ここで明確になる歩行距離よりも、さらに長い距離を歩いていたことになります。

なお、以下、本書の中で旅日記から歩行距離を算出する際は、基本的にここで示した方法で行います。

一日あたりの歩行距離

表1－1は、『曾良旅日記』の内容を江戸出立から終着点の大垣まで分析し、毎日の移動区間、宿泊地、歩行距離を一覧に整理したものです。ただし、曾良は八月五日に芭蕉と別れているため、以降の芭蕉の足取りと歩行距離は『おくのほそ道』の記述を中心に計算しました。

松尾芭蕉の旅は総日数が一四二日間でしたが、そのうち同じ場所に滞在（逗留）した日数が七六日、移動した距離が不明な日数が五日で、歩行距離が算出できたのは六一日でした。この六一日間をベースに計算すると、総移動距離が一七二八・一㎞、一日平均の歩行距離は二八・三㎞となります。歩行距離が最も短い日の値は七・五㎞で、最長歩行距離は一日に五〇・九㎞です。

この歩行距離を見る限り、芭蕉が近世の人びとの中で突出した歩行能力の持ち主だったと考えるこ

表1-1　松尾芭蕉の歩行距離の一覧

日付（旧暦）	移動区間	宿泊地	歩行距離（km）
3月27日	江戸~春日部	春日部	35・1
3月28日	春日部~間々田	間々田	35・1
3月29日	間々田~鹿沼	鹿沼	31・2
4月1日	鹿沼~鉢石	鉢石	27・3
4月2日	鉢石~玉入	玉入	28・2
4月3日	玉入~黒羽	黒羽	32・9
4月4日	逗留	黒羽	ー
4月5日	逗留	黒羽	ー
4月6日	逗留	黒羽	ー
4月7日	逗留	黒羽	ー
4月8日	逗留	黒羽	ー
4月9日	逗留	黒羽	ー
4月10日	逗留	黒羽	ー
4月11日	逗留	黒羽	ー
4月12日	逗留	黒羽	ー
4月13日	逗留	黒羽	ー
4月14日	逗留	黒羽	ー
4月15日	逗留	黒羽	ー
4月16日	黒羽~高久	高久	33・4
4月17日	逗留	高久	ー
4月18日	高久~那須湯本	那須湯本	15・6
4月19日	逗留	那須湯本	ー
4月20日	那須湯本~旗村	旗村	37・9
4月21日	旗村~矢吹	矢吹	36・7
4月22日	矢吹~須賀川	須賀川	15・6
4月23日	逗留	須賀川	ー
4月24日	逗留	須賀川	ー
4月25日	逗留	須賀川	ー
4月26日	逗留	須賀川	ー
4月27日	逗留	須賀川	ー
4月28日	逗留	須賀川	ー
4月29日	須賀川~郡山	郡山	25・4
5月1日	郡山~福島	福島	43・3
5月2日	福島~飯坂	飯坂	23・6
5月3日	飯坂~白石	白石	30・2
5月4日	白石~仙台	仙台	50・9
5月5日	逗留	仙台	ー
5月6日	逗留	仙台	ー
5月7日	逗留	仙台	ー
5月8日	仙台~塩釜	塩釜	15・6
5月9日	塩釜~松島	松島	7・8
5月10日	松島~石巻	石巻	28・6
5月11日	石巻~登米	登米	29・3
5月12日	登米~一関	一関	39・0
5月13日	逗留	一関	19・5
5月14日	一関~岩出山	岩出山	44・9
5月15日	岩出山~堺田	堺田	29・3
5月16日	逗留	堺田	ー
5月17日	堺田~尾花沢	尾花沢	23・4
5月18日	逗留	尾花沢	ー
5月19日	逗留	尾花沢	ー
5月20日	逗留	尾花沢	ー
5月21日	逗留	尾花沢	ー
5月22日	逗留	尾花沢	ー
5月23日	逗留	尾花沢	ー
5月24日	逗留	尾花沢	ー
5月25日	逗留	尾花沢	ー
5月26日	逗留	尾花沢	ー
5月27日	尾花沢~山寺	山寺	29・3
5月28日	山寺~大石田	大石田	27・3
5月29日	逗留	大石田	ー
5月30日	逗留	大石田	ー
6月1日	大石田~新庄	新庄	16・5
6月2日	逗留	新庄	ー
6月3日	新庄~羽黒	羽黒	44・9
6月4日	逗留	羽黒	ー
6月5日	逗留	羽黒	ー
6月6日	羽黒~月山	月山	34・7
6月7日	月山~羽黒	羽黒	40・4
6月8日	逗留	羽黒	ー
6月9日	逗留	羽黒	ー
6月10日	羽黒~鶴岡	鶴岡	11・7
6月11日	逗留	鶴岡	ー
6月12日	逗留	鶴岡	ー
6月13日	鶴岡~酒田	酒田	船移動
6月14日	逗留	酒田	ー

6月15日	酒田〜吹浦	吹浦	23・4
6月16日	吹浦〜塩越	塩越	21・5
6月17日	逗留	塩越	—
6月18日	塩越〜酒田	酒田	船移動
6月19日	逗留	酒田	—
6月20日	逗留	酒田	—
6月21日	逗留	酒田	—
6月22日	逗留	酒田	—
6月23日	逗留	酒田	—
6月24日	逗留	酒田	—
6月25日	酒田〜大山	大山	31・2
6月26日	大山〜温海	温海	27・1
6月27日	温海〜中村	中村	39・0
6月28日	中村〜村上	村上	33・2
6月29日	逗留	村上	—
7月1日	村上〜築地	築地	19・7
7月2日	築地〜新潟	新潟	船移動
7月3日	新潟〜弥彦	弥彦	31・2
7月4日	弥彦〜出雲崎	出雲崎	23・4
7月5日	出雲崎〜鉢崎	鉢崎	39・0
7月6日	鉢崎〜直江津	直江津	23・4
7月7日	逗留	直江津	—
7月8日	直江津〜高田	高田	9・8
7月9日	逗留	高田	—
7月10日	逗留	高田	—
7月11日	高田〜能生	能生	35・1
7月12日	能生〜市振	市振	33・7
7月13日	市振〜滑川	滑川	40・4
7月14日	滑川〜高岡	高岡	37・1
7月15日	高岡〜金沢	金沢	46・7
7月16日	逗留	金沢	—
7月17日	逗留	金沢	—
7月18日	逗留	金沢	—
7月19日	逗留	金沢	—
7月20日	逗留	金沢	—
7月21日	逗留	金沢	—
7月22日	逗留	金沢	—
7月23日	逗留	金沢	—
7月24日	金沢〜小松	小松	31・3
7月25日	逗留	小松	—
7月26日	逗留	小松	—
7月27日	小松〜山中温泉	山中温泉	23・4
7月28日	逗留	山中温泉	—
7月29日	逗留	山中温泉	—
7月30日	逗留	山中温泉	—
8月1日	逗留	山中温泉	—
8月2日	逗留	山中温泉	—
8月3日	逗留	山中温泉	—
8月4日	逗留	山中温泉	—
8月5日	山中温泉〜小松	小松	21・4
8月6日	逗留	小松	—
8月7日	小松〜大聖寺	大聖寺	17・5
8月8日	大聖寺〜丸岡	丸岡	27・5
8月9日	丸岡〜松岡	松岡	8・4
8月10日	逗留	松岡	—
8月11日	松岡〜福井	福井	7・5
8月12日	逗留	福井	—
8月13日	福井〜今庄	今庄	34・9
8月14日	今庄〜敦賀	敦賀	15・6
8月15日	逗留	敦賀	—
8月16日	敦賀〜種の浜	種の浜	船移動
8月17日	種の浜〜敦賀	敦賀	船移動
8月18日	逗留	敦賀	—
8月19日	敦賀〜木之本	木之本	31・0
8月20日	木之本〜春照	春照	24・3
8月21日	春照〜大垣	大垣	25・8

出典：『曾良旅日記』（河合曾良「曾良旅日記」萩原恭男校注『芭蕉　おくのほそ道　付　曾良旅日記　奥細道菅菰抄』岩波書店、一九七九、八三―一三〇頁）をもとに、金森の研究（金森敦子『「曽良旅日記」を読む』法政大学出版局、二〇一三）および萩原・杉田の研究（萩原恭男・杉田美登『おくのほそ道の旅』岩波書店、二〇〇二）を参考に作成

とには違和感があります。序章で述べたように、近世後期に東北地方から伊勢参宮をした庶民男女は、一日平均で三五km程度の距離を歩いていたからです。この史実に当てはめると、松尾芭蕉の歩行能力は、一日に歩く距離の面では近世人の一般的なレベルよりもやや劣っていたことになるでしょう。

次に、平均値だけではなく、芭蕉がどのくらいの距離を歩く日が多かったのかを検討してみましょう。毎日の歩行距離を一〇km単位で区切り、各々の距離の範囲に該当する日数をカウントすると、一桁の日が四日、一〇km台が九日、二〇km台が二〇日、三〇km台が二一日、四〇km台が六日、五〇km台が一日、となります。

松尾芭蕉の一日あたりの歩行距離の割合は、平均値（二八・三km）に近い二〇～三〇km台に著しく集中しているものの、少ない日には一桁～一〇km台の場合もある一方で、多い日には四〇～五〇km台に達していました。これが平均値だけでは知り得ない歩行の実情です。

松尾芭蕉にとって、一日に歩く距離はどの辺りが限界だったのでしょうか。

前述したように、『曾良旅日記』から読み解く一日の最長歩行距離は五〇・九kmです。ただし、五〇km台の距離を歩いているのはこの一日だけなので、芭蕉の旅では五〇kmを超える歩行は少々無理をしたレベルだったと考えてよいでしょう。

漆原村（現在の福島県西会津町）の須藤万次郎は、元治二（一八六五）年に伊勢参宮をした際に『伊勢詣同行定』という同行者間の取り決めを書き残しました。そこには、項目の一つとして、「道中之義は十里を限り可致候事。若し十二・十三里にも及候はば仲間能々談事之上にて可致候事。[18]」と記されています。つまり、日々の道中の歩行距離は一〇里（三九㎞）を目安とし、それが一二里（四六・八㎞）ないしは一三里（五〇・七㎞）にまで及びそうな場合は、同行者間での相談が必須だというルールです。

この史料から推察するに、近世の旅人にとっての無理のない歩行距離の上限とは、須藤万次郎の取り決めが示すように五〇㎞前後に求めることができます。松尾芭蕉の最長歩行距離（五〇・九㎞）とは、近世人の一般的な距離感覚の範囲内に収まるものでした。

日数の経過と歩行距離の関係

日数を重ねるごとに疲労が蓄積されていくと仮定すれば、旅の序盤と終盤とでは歩行可能な距離にも自ずと変化が生じた可能性もあります。そこで、日数の経過が歩行距離に及ぼした影響を知るために、芭蕉の行程を一〇日単位で区切り、一〇日毎の平均歩行距離の推移を検討したところ、表1－2のような数値が算出されました。なお、該当する範囲において逗留や船移動など歩行移動の形跡が確認できない日は、計測の対象から除外しています。

こうして旅の全体を見ると、日数の経過に連れて歩行距離が右肩下がりで減っていく様子は見られません。つまり、松尾芭蕉は、江戸を出立してから大垣で終着を迎えるまでの間、概ね一定のペースを保って歩き続けたことになります。一日の歩行距離を無理のない数値で終始安定させることで、四ヵ月間を超える旅の道中を無事に歩き通そうとしたのでしょうか。

歩行時間の検証

松尾芭蕉は、毎日の道中をどの程度の時間をかけて歩いたのでしょうか。『曾良旅日記』には、このことを知るための重要な手掛かりが記載されています。

曾良は、道中の行動を時刻と併記する几帳面さを持っていました。例えば、四月一日に鹿沼～日光間（鉢石）を歩いた日には、「四月朔日　前夜ヨリ小雨降。辰上尅、宿を出。止テハ折々小雨ス。終日雲、午ノ尅、日光へ着。[19]」と記録されていますが、日記の中にはこうした時刻表記が散見されます。

表1－3は、曾良による時刻の記載の中から、宿の出発および到着時刻の情報を抽出して当日の歩行距離を併記したものです。近世は不定時法[20]の社会なので、曾良が「辰上尅（刻）」「巳ノ尅（刻）」などと記した時刻の情報を現代の定時法に置き換えると一～二時間の幅が生じますが、ここではその中間の時刻を取って移動にかけた時間を確定させました。

表1－2　10日毎の平均歩行距離

日数の経過	平均歩行距離（km）
1～10日目	31.6
11～20日目	33.4
21～30日目	26.5
31～40日目	31.5
41～50日目	27.7
51～60日目	28.3
61～70日目	34.1
71～80日目	18.9
81～90日目	32.6
91～100日目	24.4
101～110日目	38.6
111～120日目	27.4
121～130日目	18.7
131～140日目	22.3
141～142日目	25.1

出典：河合曾良「曾良旅日記」萩原恭男校注『芭蕉　おくのほそ道　付　曾良旅日記　奥細道菅菰抄』岩波書店、1979、pp. 83-130より作成

一日に歩きはじめた時刻（出発時

表1-3　松尾芭蕉の旅における時間と歩行距離の関係

日付（旧暦）	出発地	出発時刻（中間時刻）	宿泊地	到着時刻（中間時刻）	移動した時間	歩行距離（km）	仮定の時速（km）
3月29日	間々田	5:42〜6:29（6:05）	鹿沼	ー	ー	31.2	ー
4月1日	鹿沼	5:42〜6:29（6:05）	鉢石	10:26〜12:48（11:37）	5時間32分	27.3	5.1
4月2日	鉢石	6:28〜7:16（6:52）	玉入	12:48〜13:35（13:11）	6時間19分	28.2	4.6
4月3日	玉入	5:40〜6:27（6:04）	黒羽	ー	ー	32.9	ー
4月18日	高久	10:26〜12:51（11:39）	那須湯本	14:28〜15:17（14:53）	3時間14分	15.6	5.0
4月20日	那須湯本	7:07〜8:00（7:32）	旗村	ー	ー	37.9	ー
4月21日	旗村	5:29〜6:18（5:54）	矢吹	ー	ー	36.7	ー
4月29日	須賀川	8:46〜9:35（9:11）	郡山	19:02（19:02）	9時間51分	25.4	2.7
5月1日	郡山	4:16（4:16）	福島	19:02（19:02）	14時間46分	43.3	3.0
5月4日	白石	5:27〜7:55（6:41）	仙台	ー	ー	50.9	ー
5月8日	仙台	7:56〜10:24（9:10）	塩釜	12:53〜15:21（14:07）	4時間57分	15.6	3.4
5月13日	逗留	7:58〜10:26（9:12）	一関	15:22〜16:11（15:46）	6時間34分	19.5	3.1
5月27日	尾花沢	6:26〜7:15（6:51）	山寺	14:34〜15:23（14:59）	7時間8分	29.3	4.1
6月1日	大石田	5:40〜8:06（6:53）	新庄	ー	ー	16.5	ー
6月3日	新庄	ー	羽黒	15:22〜17:47（16:35）	ー	44.9	ー
6月10日	羽黒	ー	鶴岡	15:19〜17:42（16:31）	ー	11.7	ー
6月26日	大山	ー	温海	12:53〜15:11（14:02）	ー	27.1	ー
7月1日	村上	8:23〜10:40（9:32）	築地	ー	ー	19.7	ー
7月3日	新潟	ー	弥彦	16:41〜17:27（17:04）	ー	31.2	ー
7月4日	弥彦	6:08〜6:53（6:31）	出雲崎	15:11〜15:56（15:33）	9時間2分	23.4	2.6
7月5日	出雲崎	6:09〜6:54（6:32）	鉢崎	16:40〜17:25（17:02）	8時間30分	39.0	4.7
7月8日	直江津	ー	高田	14:23〜15:08（14:45）	ー	9.8	ー
7月11日	高田	9:55〜10:39（10:17）	能生	ー	ー	35.1	ー
7月12日	能生	ー	市振	10:39〜12:52（11:46）	ー	33.7	ー

7月13日	市振	—	滑川	16：37〜17：21（16：59）	—	40・4	—
7月14日	滑川	—	高岡	15：09〜15：52（15：30）	—	37・1	—
7月15日	高岡	—	金沢	13：43〜14：26（14：04）	—	46・7	—
7月27日	小松	8：40〜9：22（9：01）	山中温泉	16：23〜17：05（16：44）	7時間43分	23・4	3・1

出典：『曾良旅日記』（河合曾良「曾良旅日記」萩原恭男校注『芭蕉　おくのほそ道　付　曾良旅日記　奥細道菅菰抄』岩波書店、一九七九、八三―一三〇頁）をもとに、金森の研究（金森敦子『「曽良旅日記」を読む』法政大学出版局、二〇一三）および相澤の研究（相澤泰司「曽良旅日記における時間と行動」『東洋大学大学院紀要』五三号、一三五―一五六頁）を参考に作成

刻）と歩みを止めた時刻（到着時刻）がわかれば、その合計時間を当日の歩行距離で割ると、一時間に歩いた速度が算出されます。もちろん、宿の出発から到着まで休まず歩き続けたわけではありませんが、表中ではこれを「仮定の時速」として記載しました。

表によると、例外もあるにせよ、芭蕉は概ね五時間から八時間程度をかけて日々の道中を歩いていたことがわかります。また、歩く時間に比例して歩行距離が長くなるかといえば、必ずしもそうではありません。一日に歩ける距離には限界があったため、途中の休憩や名所旧跡に立ち寄る時間も計算に入れて、歩く距離を判断していた可能性もあるでしょう。

ともあれ、諸々の事情を考慮せずに機械的に計算すると、芭蕉の平均的な時速は三〜四km程度になります。これは、近世後期に江戸やその近郊地から伊勢参宮をした旅人と同程度の数値です[21]。

経済史家の角山栄によると、曾良が日記に時刻を書き込むにあたって情報源としたのは、全国各地に建立されていた寺の鐘だったそうです[22]。近世は不定時法の世の中でしたが、寺院では決まった時刻

に公共時報として梵鐘を鳴らしていました。『東海道中膝栗毛』の中でも、主人公と宿の女中との会話で、「あたりの寺のかねがゴヲン　北八『女中あれはなん時だへ』女『もふ七ツでござります』[23]」という場面が描写され、寺の鐘が時報の役割を果たしています。

一九世紀前半に長崎出島のオランダ商館長を務めたメイランは、時報としての寺の鐘がどのように衝かれていたのかを見聞録の中で解説しました。メイランによると、最初に時報が鳴ることを予告する鐘を数回衝き、その後に間隔を空けて時刻の数だけ鐘を衝いて、最後に時報が終わったことを知らせる鐘を数回衝いたそうです[24]。

寺が発信する時報用の鐘の鳴り方は、メイランが見聞した長崎に限定されるものではなく、おそらく全国的に同じような法則で鳴っていたと考えられます。曾良も、寺の鐘に聞き耳を立てて、音が鳴る回数から時刻を判断して日記に書いたのでしょう。

4　松尾芭蕉の歩行能力の相対化

以上より、『曾良旅日記』を通じて松尾芭蕉が歩いた距離の傾向が明らかになりました。しかし、芭蕉の歩行能力を知るためには、その数値を相対的に比較する作業が不可欠です。

ここでは、松尾芭蕉と同時期に東北から伊勢に向けて歩いた旅、そして芭蕉の旅から八八年後に『おくのほそ道』のルートに沿って江戸から東北へと歩いた旅の記録を取り上げ、芭蕉の歩行能力と比較することにしましょう。

松尾芭蕉と同時期に東北を歩いた旅

元禄四（一六九一）年、上小松村（現在の山形県川西町）の金子拾三郎が伊勢参宮をした際に、『道中付[25]』という旅日記を書いています。一〇名の同行者と二ヵ月間をかけて周遊した、当時としては豪華な旅です。

先に示した方法で、金子拾三郎の五九日間におよぶ旅のうち四八日間分の歩行距離の情報を取得しました（五九日間中、逗留が一一日）。拾三郎の足取りは、在地出立後は東北地方を江戸に向かって歩き、途中日光に立ち寄って一一日目に江戸に到着しています。概ね、芭蕉が歩いた街道を逆方向に遡ったコース取りだったと言えるでしょう。江戸出発以降は、東海道経由で伊勢参宮を果たし、さらに奈良、高野山、大坂、京都にまで足を延ばして、帰路は中山道で善行寺に参詣し、日本海沿岸を北上するルートで上小松村に帰着しました。

拾三郎の総歩行距離は一八〇〇㎞におよび、一日平均の歩行距離は三七・九㎞、最短歩行距離は七・八㎞でした。最長歩行距離は六六・三㎞とかなり長いことがわかります。一〇㎞単位での歩行距離の日数は、一桁が二日、一〇㎞台が一日、二〇㎞台が六日、三〇㎞台が一五日です。さらに、四〇㎞台は一九日におよび、五〇㎞台は四日、六〇㎞台は一日と、四〇㎞以上歩いた日が全体の半分を占めています。

金子拾三郎の旅と比較してみると、同じ時期に旅した松尾芭蕉が取り立てて特殊な歩行能力の持ち主ではなかったことが理解できるでしょう。

松尾芭蕉の旅程に沿って江戸〜東北を歩いた旅

安永六（一七七七）年、江戸の住人の富田伊之は山陰という僧侶を連れ立って東北を巡る旅に出ました。伊之の旅は『奥州記行』[26]としてまとめられています。その冒頭には「予久しくみちのくえ往事をねがふ。時こそ來れ、安永六のとし、月見月中のついたち、かの地におもむく。[27]」と記され、長年思い続けた奥州への旅を実現させたことがわかります。

八月一一日に江戸を旅立った伊之は、日光、仙台、松島、石巻、平泉、酒田、象潟、舟形、山寺、上ノ山、瀬上を訪ね歩き、帰路は宇都宮に立ち寄って一〇月三日に江戸に帰着し、無事に五二日間の旅を終えました。

ルートから判断して、この旅は松尾芭蕉の『おくのほそ道』の旅を忠実になぞる意味合いがあったと考えてよいでしょう。ただし、芭蕉は酒田から北陸に足を延ばしましたが、伊之は日本海側には回らずに奥州から江戸まで来た道を引き返しているので、完全なる再現とはいかなかったようです。

全五二日間のうち、四二日間分の歩行の情報から算出したところ（五二日間中、逗留六日、距離不明四日）、一日平均の歩行距離は三〇・九㎞で芭蕉の旅と大差はありません。ただし、富田伊之は芭蕉よりも長い距離を歩く傾向にありました。最長歩行距離の六七・三㎞を筆頭に、五〇㎞台が一日、四〇㎞台が七日、三〇㎞台が一四日です。二〇㎞台は一二日、一〇㎞台は六日、一桁は一日で、芭蕉と比べても長距離を歩いた日の割合は高くなります。

松尾芭蕉と類似したルートを歩いた『奥州記行』は、比較の対象としては好材料です。両者を比べてみると、伊之の健脚が際立つとともに、芭蕉の歩行距離が近世人にとっては十分に達成可能な範囲に収まっていたという実情が浮かび上がってきます。

5　松尾芭蕉の歩行に影響を及ぼした要因

年齢による影響

歩行能力を検証するには、芭蕉の「年齢」にも触れておく必要があります。『おくのほそ道』の旅をした時、芭蕉は数え年で四六歳（曾良は四一歳）でした。この年齢は近世社会の感覚に照らすとどのように位置づけられるのでしょうか。

歴史人口学では、近世日本の一般的な出生時平均余命（平均寿命）は、一七世紀には二〇代後半から三〇代前半、一八世紀には三〇代半ば、一九世紀になっても三〇代後半の水準にとどまっていたとされていますます。(28)この研究成果によると、芭蕉（四六歳）は平均寿命を上回る長老だったことになるでしょう。

しかしながら、この数値は近世社会の農村で子どもの死亡率、とくに五歳以下の乳幼児死亡率が極

表１－４　近世における東北地方の旅人の年齢構成

史料名	年次	同行者数	年齢構成						平均年齢	最年長	最年少
			10代	20代	30代	40代	50代	不明			
西国道中道法並名所泊宿附	1773年	34人	0人	6人	1人	0人	0人	27人	27.3歳	38歳	22歳
伊勢参宮道中日記帳	1841年	9人	0人	3人	4人	1人	1人	0人	35.2歳	54歳	21歳
西国道中記	1841年	12人	1人	6人	3人	0人	2人	0人	30.9歳	54歳	18歳
（表題不詳）	1849年	13人	0人	3人	7人	3人	0人	0人	34.4歳	41歳	23歳
道中日記帳	1856年	20人	1人	3人	2人	0人	5人	9人	39.0歳	56歳	18歳

めて高かったことに起因し、平均余命は死亡率の高い年齢層を無事に乗り切ると比較的長くなる傾向にありました[29]。したがって、当時の四〇代はそこまでの高齢ではありません。

次に、近世に伊勢参宮の旅をした東北地方の旅日記の中から、旅人（男性）の年齢構成がわかる五つの史料[30]を抽出し、その内訳を表１－４に示しました。ここに取り上げた旅日記の中で、最年少は一八歳、最年長は五六歳です。同行者のメンバーには一〇～五〇代の男性が含まれていますが、平均的にみると二〇代後半から三〇代までに落ち着いています。

比較する時代に隔たりはありますが、こうした傾向から、芭蕉の年齢は近世の旅人の中で特別に珍しくはないものの、高年齢層に入り込んでいたと見られます。だとすれば、芭蕉の歩行能力とは、年齢の割には決して低くはなかったことになるでしょう。

気候・天候の影響

歴史気候学の研究成果によると、日本の近世に相当する期間は、地球規模で見れば現代よりも寒冷な時代でした[31]。当時の気温を現代と比べると、温暖な時期でも二℃、最も寒冷な時期では五℃も近世の方が低かったと指摘されています[32]。

しかし、近世を通じて絶えず寒冷だったわけではなく、数一〇年の単位で温暖な時期もありました。松尾芭蕉が旅をした元禄二（一六八九）年の日本は、冬は寒さが穏やかで夏は前半に高温になる気候に該当します[33]。気候区分では「第一小間氷期」にあたり、比較的温暖な時代でした。

『曾良旅日記』の記述を拾ってみると、七月一一日に「暑甚シ[34]」、同一三日に「暑気甚シ[35]」、一四日に「暑極テ甚[36]」などと記されています。新暦では八月下旬に相当するこの時期に、かなりの猛暑の中を歩いていたことが伝わってきます。

しかし、芭蕉は暑さには負けていません。猛暑の旨が記された七月一一日の歩行距離は三五・一km、一三日は四〇・一km、一四日は三七・一kmと、平均値（二八・三km）をゆうに上回る距離を歩いています。芭蕉は暑さをものともせずに、長距離を歩き続ける健脚と精神力の持ち主でした。

ここで、道中の天候の善し悪しが、芭蕉の歩行距離に及ぼした影響を探ってみましょう。『曾良旅日記』には天候に関する記述が頻繁に見られるので、天候と歩行距離の両方が判明する日を取り上げて**表1－5**を作成しました。なお、八月五日以降、曾良は芭蕉と別行動をしているため、その期間は『曾良旅日記』に天候の記載があった日でも表には掲載していません。

表を通覧してみると、長距離を歩いている日は好天が目立ちます。歩行距離が四〇km以上におよぶ場合には、大抵が「快晴」「天気よし」などの記述が連なります。偶然の一致である可能性も否めませんが、晴天時には長い距離を歩きやすかったのでしょう。

表1－5　松尾芭蕉の旅にみる天候と歩行距離の関係

日付	宿泊地	天候	歩行距離（km）
3月28日	間々田	前夜より降雨↓辰上刻止む↓間もなく振る↓午下刻（6：06頃）止む	35・1
3月29日	鹿沼	昼過ぎより曇り	31・2
4月1日	鉢石	前夜より小雨↓止んでは時々小雨↓終日曇り↓午刻（11：37頃）雨止む	27・3
4月2日	玉入	快晴↓未上刻（13：11頃）より激しい雷	28・2
4月3日	黒羽	快晴	32・9
4月16日	高久	天気良し↓雨降り出す	33・4
4月18日	那須湯本	卯刻（4：34頃）地震　辰上刻（5：59頃）雨止む↓昼過ぎ快晴	15・6
4月20日	旗村	朝霧雨振る↓辰中刻（6：43頃）晴↓暮前より小雨	37・9
4月21日	矢吹	霧雨↓辰上刻（5：54頃）止む↓昼過ぎより快晴	36・7
4月29日	郡山	快晴	25・4
5月1日	福島	快晴	43・3
5月2日	飯坂	快晴↓夕方から雨天↓夜に強雨	23・6
5月3日	白石	雨降る↓巳上刻（8：20頃）止む↓折々小雨降る	30・2
5月27日	山寺	天気良し	29・3
5月28日	大石田	危うくして雨降らず	27・3
6月3日	羽黒	天気良し	44・9
6月6日	月山	天気良し	34・7
6月10日	鶴岡	曇のち小雨	11・7
6月15日	吹浦	朝より小雨↓昼前より雨甚だし	23・4
6月16日	塩越	降雨↓強い雨	21・5
6月25日	大山	天気良し↓夜雨降る	31・2
6月26日	温海	晴れ↓未刻（14：02頃）少し前より小雨↓暮れに大雨、夜中止まず	27・1
6月27日	中村	雨止む↓折々小雨	39・0
6月28日	村上	朝晴れ↓強い雨↓止む	33・2
7月1日	築地	折々小雨↓昼過ぎ大雨で即刻止む↓申上刻（15：35頃）雨降り出す↓夜は強雨	19・7
7月3日	弥彦	快晴　風あり	31・2
7月4日	出雲崎	快晴　風あり↓夜中、強雨	23・4

5月4日	仙台	雨少し止む→折々日差しあり	50・9	7月5日	鉢崎	朝まで雨降る→辰上刻（6：32）止む→間もなく降雨→折々小雨	39・0
5月8日	塩釜	朝のうち小雨→巳刻（9：10頃）より晴れ	15・6	7月6日	直江津	雨晴れる→午後に降り出す	23・4
5月9日	松島	快晴	7・8	7月8日	高田	雨止む	9・8
5月10日	石巻	快晴→夕方小雨→やがて止む	28・6	7月11日	能生	快晴　甚だしい暑さ→月晴	35・1
5月11日	登米	天気良し→のちに曇り	29・3	7月12日	市振	快晴	33・7
5月12日	一関	曇り→のちに雨降り出し強く降る	39・0	7月13日	滑川	雨が降りそうだったが晴れ→甚だしい暑さ	40・4
5月13日	一関	天気明	19・5	7月14日	高岡	快晴　極めて甚だしい暑さ	37・1
5月14日	岩出山	朝、天気良し→雷雨→晴れ→曇って折々小雨	44・9	7月15日	金沢	快晴	46・7
5月15日	堺田	小雨	29・3	7月24日	小松	快晴→夜中に雨	31・3
5月17日	尾花沢	快晴→夕立	23・4	7月27日	山中温泉	快晴　山の方に夕立あり	23・4

出典：河合曾良「曾良旅日記」萩原恭男校注『芭蕉　おくのほそ道　付　曾良旅日記　奥細道菅菰抄』岩波書店、一九七九、八三―一三〇頁より作成

また、雨が降っていても、三〇km程度の距離を平気で歩いていた模様も確認できます。芭蕉にとって、多少の雨は歩行距離に影響を及ぼす主な要因とはならなかったのです。

近世に旅行者の履物として定着していた草鞋は水分に弱く、雨天時には頻繁に交換する必要があったことからも[37]、道中で雨が降ると歩く距離を延ばすのは難しかったはずです。それにも関わらず、雨天決行で長距離を歩き続けたという事実は、芭蕉の歩行能力の高さを物語ります。

季節と日照時間の影響

街灯設備が乏しかった近世には、主要幹線でも日没後の出歩きは慣例として厳禁でした。文化七（一八一〇）年刊行の『旅行用心集』にも「一通の旅にて格別に急くことなくば夜道決而すべからず[38]」と戒められています。

他にも、近世後期に旅が流行すると、同行者間で定めたルールの中で同様の注意書きが記されるようになりました。東北地方に例を取れば、「日の内にはやく宿をかるべし[39]」、「夜ハ暮ぬ内ニ取様ニ心掛　朝ニは闇内ニ喰事をいたし　夜の明を待可相立事[40]」、「夜道無用之事[41]」、「朝晩の夜道等をゆたんすべからし[42]」などの記述が見られます。

芭蕉が旅をした一七世紀末葉は、いまだ人びとの旅行文化が成熟していなかったことから、夜道の出歩きを禁じる傾向は一層顕著だったと推察されます。旅人が歩行可能な時間とは、一日のうちで「夜」を除く「昼」の時間帯だったのです。

昼夜の長さは季節に比例して変動しますが、当時の基準に照らして季節ごとの昼夜の境目が明確になれば、自ずと歩行可能な時間が浮かび上がってきます。その基準を得るために『旅行用心集』を紐解くと、「一年昼夜長短六ヨリ六マデの大畧」という項目が設けられていました[43]。同書では、近世の不定時法で言う「六」、つまり「明六つ」と「暮六つ」を境目に昼夜が区分されているのです。以下では、明六つから暮六つまでの間が歩行可能な「昼」の時間帯だったと捉えることにします。

表1－6は、二十四節気[44]を新暦（二〇二二年）の月日に当てはめ、該当する明六つと暮六つの時刻

表1－6　二十四節気からみた歩行可能な時間

二十四節気	旧暦の時期	新暦の月日（2022年）	明六つ	暮六つ	歩行可能な時間（明六つ〜暮六つ）
立春正月節	1月前半頃	2月4日	6：03	17：47	11時間44分
雨水正月中	1月後半頃	2月19日	5：53	17：58	12時間5分
啓蟄二月節	2月前半頃	3月5日	5：30	18：16	12時間46分
春分二月中	2月後半頃	3月21日	5：09	18：29	13時間20分
清明三月節	3月前半頃	4月5日	4：47	18：41	13時間52分
穀雨三月中	3月後半頃	4月20日	4：27	18：54	14時間27分
立夏四月節	4月前半頃	5月5日	4：09	19：07	14時間58分
小満四月中	4月後半頃	5月21日	3：56	19：19	15時間23分
芒種五月節	5月前半頃	6月6日	3：49	19：30	15時間41分
夏至五月中	5月後半頃	6月21日	3：49	19：36	15時間47分
小暑六月節	6月前半頃	7月7日	3：55	19：36	15時間41分
大暑六月中	6月後半頃	7月23日	4：05	19：29	15時間24分
立秋七月節	7月前半頃	8月7日	4：17	19：15	14時間58分
処暑七月中	7月後半頃	8月23日	4：29	18：58	14時間31分
白露八月節	8月前半頃	9月8日	4：41	18：36	13時間55分
秋分八月中	8月後半頃	9月23日	4：54	18：13	13時間19分
寒露九月節	9月前半頃	10月8日	5：05	17：52	12時間47分
霜降九月中	9月後半頃	10月23日	5：18	17：33	12時間15分
立冬十月節	10月前半頃	11月7日	5：32	17：17	11時間45分
小雪十月中	10月後半頃	11月22日	5：47	17：07	11時間20分
大雪十一月節	11月前半頃	12月7日	6：01	17：04	11時間3分
冬至十一月中	11月後半頃	12月22日	6：11	17：08	10時間57分
小寒十二月節	12月前半頃	1月5日	6：15	17：17	11時間2分
大寒十二月中	12月後半頃	1月20日	6：13	17：31	11時間18分

出典：各々の二十四節気に対応する時刻については、橋本の研究（橋本万平『日本の時刻制度　増補版』塙書房、2002、pp. 132-133）を参考にし、対応する新暦の月日（2022年）の記載は『理科年表』（国立天文台編『理科年表　2022』丸善出版、2021、p. 3）に依拠した。なお、この時刻は江戸を対象としているため、他地域の場合はこれとは若干異なる。

を記載し、その時間の長さをもって「歩行可能な時間」を算出したものです。

表によって、年間を通して変動する歩行可能な時間を知ることができます。最長は夏至の一五時間四七分、最短は冬至の一〇時間五七分で、平均すると一三時間二一分の「昼」の時間が確保されていたことになります。

松尾芭蕉の旅の期間は旧暦の三月二七日~八月一四日です。二十四節気では「穀雨三月中」から「白露八月節」あたりに該当しますが、この期間、歩行可能な時間は一四時間二七分から一三時間五五分と幅広いことがわかります。芭蕉が歩いた時間帯は、前掲の表1-3によると、早い日でも出発は日の出以降で、遅くとも日の入りの頃には宿に着いています。定時法の時刻で言えば、朝六時台に宿を出て歩き始めるケースが多かったようです。

もし、屋外で出歩ける時間の長さに比例して歩行距離が延びるなら、旧暦の五月や六月頃には長い距離を歩く傾向にあったことになるでしょう。しかし、表1-2で示した一〇日ごとの歩行距離を見ても、そのような歩行距離の推移は見られず、旅の序盤、中盤、終盤で歩行距離に大きな変動はありませんでした。したがって、松尾芭蕉の旅の歩行距離は、「昼」の時間帯という制約を受けながらも、季節による昼夜の長短にはほとんど影響されなかったと言えるでしょう。

6　街道の難所が歩行に及ぼした影響

近世の旅人が歩いた街道の中には、少なからず難所と呼ばれる場所が存在しました。

元禄三（一六九〇）年に長崎の出島商館付き医師として来日したドイツ人のケンペルによれば、日本の街道の路面には雨水対策として排水口があり、旅人の便宜を図って路面固めがなされ、大名をはじめ身分の高い者の通行に際しては掃除も行き届いていたそうです[45]。しかし、これはケンペルが江戸参府にあたって通行した東海道を中心とする一部の風景に過ぎません。芭蕉が旅した東北や北陸には道普請が行き届かない地域もあり、地形に由来する難所も多くありました。東北、北陸は海上交通が発達した一方で陸路の整備は遅れ、およそ一九世紀以前は悪路が多くを占めていたそうです[46]。

ここでは、松尾芭蕉の道中の歩行が難所による影響をどの程度受けていたのか、曾良の記録を手掛かりに確かめていきましょう。

砂丘の難所を歩く

六月一五日の曾良の日記には、「十五日　象潟へ趣。朝ヨリ小雨。吹浦ニ到ル前ヨリ甚雨。昼時、吹浦ニ宿ス。此間六リ、砂浜、渡シ二ツ有。[47]」とあります。

文中の「砂浜」、すなわち酒田～象潟間に広がる庄内砂丘の存在が旅人を苦しめました。曾良の日記からは、砂丘に難渋した様子は見られませんが、天明六（一七八六）年三月二二日に同じ道を歩いた橘南谿は、「吹浦砂磧」と項目立てして『東遊記』に次のように描写しています。この日は強風で、砂丘の砂が飛散って目の前がまったく見えない混乱状態が伝わってくる記述です。

「酒田より一二里も來ぬらんと思う頃より、北風強く吹起り、沙の飛散る事おびたゞし。初の程は彼印をたよりとし、又は人馬の足跡あるひは草鞋馬の沓などのある方へ道をいそぎしが、次第に風吹つのりて、沙を吹起すにぞ、天地も眞黒に成り、目當の柱の見えざるのみか、我うしろに従ひ來る養軒（南谿の同行者―引用者注）さへ見えわかねば、互ひに聲を合せ、手を携へて行程に、後には前後をだにわきまへず[48]」

庄内砂丘の歩き難さは、視界を奪うだけではありませんでした。橘南谿は「歩行するにも足首迄は常に沙に埋れ、すゝめども唯退くやうにのみ思はれ[49]」との実体験を綴りました。砂地に足を取られて、前進するのも一苦労だったようです。

前述した曾良の記録によれば、吹浦の砂丘を歩いた頃には雨が降っていたため、砂塵が飛散る度合いは幾分押さえられていた可能性はあるものの、砂に足を取られて思うように前進できない地面を歩くのは、心身ともに相当な消耗だったことでしょう。芭蕉も例外ではなかったと見え、この日の歩行距離は二三・四㎞（酒田～吹浦間）で平均値と比べても短い部類に入ります。

峠の難所を歩く

庄内砂丘に苦しんだ翌日にも難所が待ち受けていました。曾良が「十六日　吹浦ヲ立。番所ヲ過ルト雨降出ル。一リ、女鹿。是ヨリ難所。馬足不通。[50]」と記したように、女鹿（現在の山形県遊佐町）の先にある三崎峠は馬も通行できないほどの難所として有名でした。海風が吹き付ける中、道幅が狭く足場の悪い岩場の路面が続きます。この日の歩行距離は二一・五㎞にとどまりました。

しかし、全体を見れば、峠の難所が歩行距離に影響を及ぼしていないケースも目立ちます。六月二六日には「大山ヨリ三瀬へ三里十六丁、難所也[51]」と記載されているものの、当日の歩行距離は二七・一㎞で取り立てて短いわけではありませんでした。

それればかりか、難所を軽々と歩き抜いた日もありました。六月二八日には蒲萄峠（現在の新潟県村上市にある峠）と呼ばれた有名な難所に差し掛かります。この地は、文政期（一八一八～三一）に記された地誌『越後野志』にも、「羽州庄内往來ノ通路ニテ名ダヽル行路難ナリ[52]」と警戒された難所でした。ところが、曾良は「朝晴。中村ヲ立、到蒲萄（名ニ立程ノ無難所[53]）。」と書いています。聞いていたほどの難所ではなかったと言うのです。

もっとも、この蒲萄峠は積雪の多い地域だったこともあって難所と認識されていました。雪の降る三月に蒲萄峠を通行した橘南谿は、目印もない腰の高さの雪道を歩き、何度も川や池に転げ落ちながら二日がかりで峠を越し、初日は「弐里（約七・八㎞―引用者注）の場を半日かゝり[54]」で移動しています。翌日も深雪の中を難渋しながら歩き、峠を越えると「今日のあやうき事、中々筆には書儘すべきにあらず。命を保てるは是ぞ天助ともいふべし。[55]」と命拾いした旨を書きました。同じく、安政二（一八五五）年三月二三日にここを歩いた清河八郎も「葡萄坂の嶮を越え[56]」と表現しています。

一方、芭蕉が蒲萄峠を越えたのは、積雪のない夏の季節でした。積雪時の怖さを度々伝え聞いていた曾良にとっては、噂ほどでもない地形や路面に拍子抜けしたのかもしれません。

海岸沿いの難所を歩く

松尾芭蕉の歩いた道には、命の危険を伴う難所も存在しました。芭蕉は『おくのほそ道』の七月一二日に、「今日は親しらず・子しらず・犬もどり・駒返しなど云北国一の難所を越て、つかれ侍れば[57]」と記しています。青海~市振間にある親不知と子不知は、荒波が押し寄せる断崖絶壁の下を歩く「北国一の難所」として芭蕉の耳にも届いていました。『越後野志』も親不知を「北國第一之行路難[58]」と書いています。

ここを歩いた橘南谿も、「越中越後の堺に親不知子不知といふ所あり。北陸道第一の難所として、あまねく人のしる所也。[59]」と記します。この大難所の通行の方法は、「絶壁の根に岩穴ありて、十間（約一八m―引用者注）程づゝ置て其穴いくつも有り。波の打よする時は、通行の人此穴へ走り入て、波の引時を見合て走り過、又波來れば次の穴に入て是を避く。[60]」とあり、波の来ないタイミングを見計らって次の安全な岩穴のスポットに移動することを繰り返して前進したことがわかります。

図1‐4は、歌川広重が描いた『六十余州名所図会　越後　親しらず[61]』です。波打ち際の断崖絶壁

図1－4　広重が描いた越後の親不知
（上は拡大図）

出典：歌川広重『六十余州名所図会　越後　親しらず』越平、1853、国立国会図書館蔵

を旅人が歩く姿があります。拡大図を見ると、この絵画では潮が引いて道がしっかり露出している状態で描かれていますが、海岸線の道幅はかなり狭いことがわかります。崖の下にはところどころ空間があるので、激しい波が打ち寄せた場合には、岩陰に隠れて危機を回避する場面もあったことでしょう。

ただし、この難所は一年中、絶えず危険地帯だったわけではありません。南谿が「かほどの難所なれども、夏の頃天気格別晴朗にして、風波静なる日は道路は少しの高低もなく、糸を引たるごとき波打際の事なれば難所ともしらず、只風景のよき所とのみ思ひて通行する人多しとなり。[62]」と記すように、条件次第では難なく通行できたのです。

芭蕉がここに差し掛かった七月一二日は夏の盛りで、『曾良旅日記』には「天気快晴[63]」とあります。風の状態までは定かではありませんが、南谿が言う「只風景のよき所」に様変わりする条件を満たしていた可能性が高いでしょう。実際、曾良は七月一二日の記録として、この難所に関わる所感を一切記していません。

この日、芭蕉は三三・七㎞を歩いています。芭蕉が「北国一の難所を越て、つかれ侍れば」と書き残したように、日本海沿岸の狭い波打ち際を歩くことによる疲労はあったものの、歩行距離に大きな影響を与えるような事態は幸いにも発生しなかったと考えられます。

本章では、松尾芭蕉の歩行能力について、『曾良旅日記』を基本史料に検証してきました。芭蕉の歩行能力は、距離の面では近世人の一般的なレベルよりやや劣るものの、芭蕉は天候や季節に左右されずに、時に難所の影響を受けながらも一定のペースを維持して歩き続けました。また、旅人としては高年齢層に達していたことを思えば、芭蕉の健脚と精神力は、むしろ見過ごせないレベルにあったと言っても過言ではありません。

〈注記及び引用・参考文献〉

（1）本書は、松尾芭蕉が忍者だったかどうかを問うものではありませんが、「芭蕉忍者説」の研究史は岡本の論稿に詳しく述べられています（岡本聡『芭蕉忍者説再考』風媒社、二〇一八、八―一九頁）。「芭蕉忍者説」は、いまだに結論をみないテーマの一つです。

（2）山下一海「芭蕉の世界」『週刊朝日百科　日本の歴史70　近世Ⅰ元禄文化』朝日新聞社、一九八七、一〇二頁／石寒太『おくのほそ道　謎解きの旅』リヨン社、二〇〇四、二八頁

（3）金森敦子『芭蕉はどんな旅をしたのか』晶文社、二〇〇〇、一〇頁

（4）金森敦子『「曽良旅日記」を読む』法政大学出版局、二〇一三、三七七―三八〇頁

（5）例えば、『おくのほそ道』では、芭蕉は平泉に行く途中で道に迷い、思いがけず石巻の港に辿り着いたことになっていますが、実際には人から招待を受けて意図的に石巻に入り、商人の家に泊まったそうです。また、同じく石巻では日和山から金華山を見たとありますが、地形上、石巻から金華山を見ることは不可能で、ここにも大胆なフィクションが見られます（キーン著、金関寿夫訳『百代の過客　下』朝日新聞社、一九八四、一七九―一八〇頁）。

（6）萩原恭男・杉田美登『おくのほそ道の旅』岩波書店、二〇〇二、二〇六頁

（7）松尾芭蕉「おくのほそ道」萩原恭男校注『芭蕉　おくのほそ道　付　曾良旅日記　奥細道菅菰抄』岩波書店、一九七九、七―八二頁

（8）金森『芭蕉はどんな旅をしたのか』、一一頁

（9）河合曾良「曾良旅日記」萩原恭男校注『芭蕉　おくのほそ道　付　曾良旅日記　奥細道菅菰抄』岩波書店、一九七九、八三―一三〇頁

（10）松尾芭蕉「おくのほそ道」、一五頁

（11）曾良が剃髪して僧侶の姿で旅したのは、俗世間と関わらない身分の人物だと表明することが、俳諧行脚でさま

ざまな身分の人びとと付き合うために最適だったからだと言われています。曾良は東国の旅から戻ると再び髪を伸ばし、法名も捨てています。僧体は俳諧行脚用の方便だったのです（金森『芭蕉はどんな旅をしたのか』、三六頁）。

（12）森川許六「奥の細道行脚之図」天理大学附属天理図書館編『新天理図書館善本叢書　第34巻　芭蕉集　自筆本・鯉屋物』八木書店、二〇二〇、口絵

（13）与謝蕪村「奥の細道画巻　上巻」『奥の細道画巻』豊書房、一九七三

（14）松尾芭蕉「笈の小文」中村俊定校注『芭蕉紀行文集　付　嵯峨日記』岩波書店、一九七一、八四頁

（15）松尾芭蕉「おくのほそ道」、一二頁

（16）松尾芭蕉「笈の小文」、八〇頁

（17）山崎久作『改正増補大日本國順路明細記大成』甘泉堂和泉屋市兵衛、一八五〇

（18）須藤万次郎「伊勢詣同行定」高郷村史編集委員会編『会津高郷村史』福島県耶麻郡高郷村、一九八一、三三六頁

（19）河合曾良「曾良旅日記」、八六頁

（20）近世の日本では「不定時法」が用いられていました。これは、日の出と日没を基準として、一日を昼と夜とに分け、その昼夜をそれぞれ同じ数に等分して時刻を定めたものです。太陽の位置を標準として、その時刻をそれぞれ常に同一時刻と定めるため、四季を通じて同一の時刻に太陽はほとんど同じ位置にあり、同じ明るさとなります（橋本万平「江戸時代の時刻制度」『兵庫史学』九号、一九五六、六九頁）。

（21）谷釜尋徳「近世後期の庶民の旅にみる歩行の実際」『スポーツ史研究』二〇号、二〇〇七、七頁

（22）角山栄『時計の社会史』中央公論社、一九八四、五七―八六頁

（23）十返舎一九「東海道中膝栗毛　五編上」麻生磯次校注『東海道中膝栗毛（下）』岩波書店、一九七三、一九頁

（24）メイラン「日本」庄司三男訳『メイラン　日本』雄松堂出版、二〇〇二、一四二頁

(25) 金子拾三郎「道中付」川西町史編さん委員会編『川西町史　上巻』川西町、一九七九、八六〇―八六三頁
(26) 富田伊之「奥州記行」谷川健一ほか編『日本庶民生活史料集成　第二十巻　探検・紀行・地誌（補遺）』三一書房、一九七二、三六一―三七七頁
(27) 同上、三六三頁
(28) 鬼頭宏『人口から読む日本の歴史』講談社、二〇〇〇、一七七頁
(29) 速水融『歴史人口学研究』藤原書店、二〇〇九、二三〇頁
(30) 古市源蔵「西国道中道法並名所泊宿附」矢祭町史編さん委員会編『矢祭町史研究（2）源蔵・郡蔵日記』矢祭町、一九七九、二五二―二七八頁／物江安右ヱ門「伊勢参宮道中日記帳」高郷村史編集委員会編『会津高郷村史』高郷村、一九八一、三三七―四〇七頁／角田藤左衛門「西国道中記」石川町編纂委員会編『石川町史　下巻』石川町教育委員会、一九六八、一九三―二三八頁／著者不詳「（表題不詳）」那須貞太郎編『西川町史編集資料第十一号』西川町教育委員会、一九八〇、八三―一〇一頁／渡辺吉蔵「道中日記帳」田島町史編纂委員会編『田島町史第4巻　民俗編』田島町、一九七七、八七五―九一五頁
(31) 前島郁雄「歴史時代の気候復元――特に小氷期の気候について――」『地学雑誌』九三巻七号、一九八五、四一七頁
(32) 北川浩之・松本英二「屋久杉年輪の炭素同位体比変動から推定される過去2000年間の気候変動」『気象研究ノート』一九一号、一九八八、七―一〇頁
(33) 鈴木秀夫『気候変化と人間』原書房、二〇〇四、三三九頁
(34) 河合曾良「曾良旅日記」、一二〇頁
(35) 同上、一二二頁
(36) 同上、一二一頁
(37) 谷釜尋徳「近世後期の庶民の旅と草鞋」『東洋法学』五三巻二号、二〇〇九、一七頁

(38) 八隅蘆庵『旅行用心集』須原屋伊八、一八一〇、七丁
(39) 菊技楼繁路「参宮の旅人十三ヶ条心得事」石巻市史編さん委員会編『石巻の歴史　第九巻　資料編3　近世編』石巻市、一九九〇、五二四頁
(40) 渡辺吉蔵「道中日記帳」田島町史編纂委員会編『田島町史　第4巻　民俗編』田島町、一九七七、八七五頁
(41) 佐藤屋忠之助「覚」『伊勢参宮』富谷町古文書を読む会、二〇〇八、一五頁
(42) 著者不詳「道中拾五ヶ条心得の事」『伊勢参宮仕候御事』古文書で柴田町史を読む会、二〇〇〇、四頁
(43) 八隅蘆庵『旅行用心集』、三九丁
(44) 「二十四節気」は『大辞林』に「太陰太陽暦で季節を正しく示すために設けた暦上の点。一太陽年を24等分し、立春から交互に節気・中気を設け、それぞれに名称を与えた。例えば、一月節気を立春、一月中気を雨水、八月中気を秋分などと呼ぶ。」(松村明編『大辞林　第三版』三省堂、二〇〇六)と説明されています。
(45) ケンペル「日本誌」斎藤信訳『江戸参府旅行日記』平凡社、一九七七、一八頁
(46) 金森『芭蕉はどんな旅をしたのか』、二二一―二二三頁
(47) 河合曾良「曾良旅日記」、一一三―一一四頁
(48) 橘南谿「東遊記」谷川健一ほか編『日本庶民生活史料集成　第二十巻　探検・紀行・地誌(補遺)』三一書房、一九七二、一一頁
(49) 同上
(50) 河合曾良「曾良旅日記」、一一四頁
(51) 同上、一一六頁
(52) 小田島允武「越後野志」源川公章校訂『越後野志(上)』歴史図書社、一九七四、一八二頁
(53) 河合曾良「曾良旅日記」、一一六頁
(54) 橘南谿「東遊記」、五二頁

(55) 同上、五三頁
(56) 清河八郎「西遊草」小山松勝一郎編訳『西遊草　清河八郎旅中記』平凡社、一九六九、八頁
(57) 松尾芭蕉「おくのほそ道」、五五頁
『おくのほそ道』の注釈書として安永七(一七七八)年に刊行された『奥細道菅菰抄』には、親不知と子不知について次のように解説され、この名称の由来がわかります。「親しらず・こしらずは、越後の国、歌といふ宿より一振までの間の往還にて、山の下と云。一方は嶮山にて、其下の波打ぎはを往来す。故に、浪の来る時は、岩の陰にかくれ、引ときは出て走る。されば波のひく間、わづかのうちを走るゆへに、親をもかへり見ず、子をも思はず、と云心にて、此名あり。」(蓑笠庵梨一「奥細道菅菰抄」萩原恭男校注『芭蕉　おくのほそ道　付　曾良旅日記　奥細道菅菰抄』岩波書店、一九七九、二一八―二一九頁)
(58) 小田島允武「越後野志」源川公章校訂『越後野志(下)』歴史図書社、一九七四、四―五頁
(59) 橘南谿「東遊記」、二九頁
(60) 同上
(61) 歌川広重『六十余州名所図会　越後　親しらず』越平、一八五三、国立国会図書館蔵
(62) 橘南谿「東遊記」、二九頁
(63) 河合曾良「曾良旅日記」、一二〇頁

第2章

伊能忠敬

日本を歩いて測った男

1 はじめに

今からおよそ二二〇年前、自らの足で歩いて日本列島のサイズを測った人物がいました。日本で初めて実測の日本地図を作った伊能忠敬です。忠敬が作り上げた『大日本沿海輿地全図』[1]は、地表を球面と捉え、その上にある日本の位置や形態を実測によって正しく描き出した近代的な地図でした[2]。

伊能忠敬は、延享二（一七四五）年正月一一日、上総国山辺郡小関村（現在の千葉県九十九里町）の小関家に生まれました。三治郎という幼名で過ごした幼少年期のことは詳しくわかっていませんが、漢学や数学、医学を学ぶ優秀な青年だったと言われています。宝暦一二（一七六二）年、一七歳で下総国香取郡佐原村（現在の千葉県香取市）の伊能家に婿入りして当主になると、家業の発展に尽くしながら、佐原村の名主や村方後見としても活躍し、苗字帯刀を許されます。

実業家として成功を収めた後、五〇歳で隠居して長男に家督を譲り、寛政七（一七九五）年に江戸に出府します。江戸では深川黒江町（現在の東京都江東区）に住み、幕府天文方の高橋至時に師事して天文学・暦学の研究に没頭しました。当時の佐原では、富商は隠居後に江戸に出て好きな道に進む風習があったそうです(3)。

やがて、学者としては遅咲きだった伊能忠敬に転機が訪れました。高橋至時のもとで勉強するうちに、暦学の分野で地球の大きさが話題になり、子午線（緯度）一度の距離が議論の的になっていることを知った忠敬は、早速行動に移します。深川黒江町の自宅から浅草の暦局までの距離を測り、緯度一分の長さを求めることで地球の大きさを知る手掛かりを得ようとしたのです。当時の江戸では街路での測量は禁じられていたため、忠敬は簡単な磁石と歩数によって人目につかぬように測量を試みたそうです(4)。

伊能忠敬が測量を実施したのは、この時がはじめてではありません。隠居する前年の寛政五（一七九三）年、佐原の親戚を中心とした一〇名で伊勢参宮の旅をしましたが、旅行中、忠敬は宿場間の距離を記録し、方位板や磁石を使って各地の方位や緯度を測定しています(5)。したがって、忠敬は隠居後に江戸に出るよりも前に、何らかの形で測量術や地図作成の方法を学び、実地での測量ができるレベルまで達していたと見てよいでしょう。

江戸府内の測量に話を戻すと、この時忠敬が作成した「黒江町浅草測量図」は、人目を盗んで歩測をしたこともあり、測量の精度が低く誤差も大きいものでした。師匠の高橋至時は、江戸市中の短い距離を測っただけで地球の大きさを定めるのは難しいものの、江戸から蝦夷地までの長距離を測量すれば妥当な数値が得られるだろうと助言します。

早速、忠敬は蝦夷地までの測量を発案しますが、それは時代の要請とも合致していました。欧米列強の足音が忍び寄り、ロシア船がしばしば北方に侵入し海防の必要性が唱えられるようになった当時、幕府としても実測による地図で蝦夷地の姿を正確に認識することは大きな関心事となっていたからです。こうして、忠敬の測量事業は幕府の許可を得ることができ、寛政一二（一八〇〇）年、江戸から蝦夷地までを往復する通称「第一次測量」が実施されます。この時、忠敬は五五歳になっていましたが、ここから足掛け一七年にわたって日本全国を歩き回る測量行脚がはじまりました。

表2－1は、伊能忠敬の測量の概要を整理したものです。寛政一二（一八〇〇）年の第一次測量を皮切りに、文化一三（一八一六）年の第十次測量まで、全国津々浦々を測り歩いて日本地図を完成させたことがわかります。伊能測量隊は日中の測量作業だけではなく、夜間は天体観測も実施していますが、全測量日数三七五三日間のうち、一二〇〇地点以上の土地で合計一三三五日間の天体観測が記録されています[6]。

五六歳から七二歳まで全国を歩き続けて歴史に名を残す一大公共事業を成し遂げた伊能忠敬は、まさに「中高年の星」です。忠敬の総旅行距離はおよそ三万五〇〇〇㎞に及びます[7]。その根気強さと健脚には驚嘆するばかりですが、一体、忠敬はどのように歩いたのでしょうか。

これまでに行われた伊能忠敬に関する研究は枚挙に暇がありません。その中でも、大谷亮吉の『伊

表2－1　伊能忠敬の測量の概要

測量名	出発～帰着	総日数（地方都市での滞在日数を含む）	天体観測地点の数	測量地域	忠敬の年齢（数え年）
第1次測量	寛政12(1800)年閏4月19日～寛政12(1800)年10月21日	180日	66地点	奥州街道、蝦夷南東沿岸	56歳
第2次測量	享和元(1801)年4月2日～享和元(1801)年12月7日	230日	84地点	相模、伊豆沿岸、下総・上総・安房・三陸海岸、奥州街道	57歳
第3次測量	享和2(1802)年6月11日～享和2(1802)年10月23日	132日	71地点	出羽地方、日本海沿岸、信濃街道、中山道	58歳
第4次測量	享和3(1803)年2月25日～享和3(1803)年10月7日	219日	111地点	東海・北陸海岸、佐渡、長岡・三国峠・高崎	59歳
第5次測量	文化2(1805)年2月25日～文化2(1805)年11月15日	640日	187地点	東海道、紀伊沿岸、琵琶湖岸、山陽・山陰全海岸、隠岐	61～62歳
第6次測量	文化5(1808)年1月25日～文化6(1809)年1月18日	377日	128地点	近畿一部、淡路東岸、四国沿岸、淡路東岸、奈良・吉野	64～65歳
第7次測量	文化6(1809)年8月27日～文化8(1811)年5月9日	631日	238地点	中山道、山陽道、九州東岸、薩南沿岸、天草、阿蘇、小倉、萩、浜田、三次、岡山、近畿一部、飯田・諏訪地方、甲州街道	65～67歳
第8次測量	文化8(1811)年11月25日～文化8(1811)年5月9日	914日	269地点	富士山近傍、九州縦断、屋久島、種子島、九州北西岸、壱岐、対馬、五島、九州北西部、中国内陸部、伊賀、濃尾平野、飛騨街道、松本・善光寺平、追分・下仁田・熊谷、秩父通、川越	67～70歳
第9次測量	文化12(1815)年4月27日～文化13(1816)年4月12日	340日	49地点	伊豆七島、下田街道、相模・武蔵諸街道	71～72歳
第10次測量	文化12(1815)年2月3日～文化12(1815)年2月19日	17日	—	江戸府内①	71歳
	文化13(1816)年閏8月8日～文化13(1816)年10月23日	74日	—	江戸府内②	72歳

出典：保柳睦美「伊能忠敬の全国測量の概要と陰の功労者」保柳睦美編著『伊能忠敬の科学的業績（訂正版）』古今書院、1980、pp. 46-47、および伊能忠敬研究会編『忠敬と伊能図』アワ・プランニング、1998より作成

能忠敬』[8]、保柳睦美の『伊能忠敬の科学的業績』[9]、小島一仁の『伊能忠敬』[10]は屈指の研究成果です。近年では、渡辺一郎[11]、佐久間達夫[12]らによって研究が進められてきました。伊能忠敬研究会の会誌『伊能忠敬研究[13]』に掲載された各種の論稿からは、忠敬にまつわる多方面の情報を知ることができます。こうした層の厚い蓄積を誇る伊能研究ですが、意外にも、伊能忠敬の「歩行」には目が向けられてきませんでした。

従来の伊能研究では、忠敬の人物としての歩み、測量法、製図法が中心的な課題として扱われてきました。しかし、忠敬が地球一周分に迫る距離を測量した事実を思えば、その移動手段にも関心が寄せられるべきです。歩くことを土台に成り立っていた伊能忠敬の全国測量を知る上では、歩行にまつわる諸事情の解明は極めて大きな意味を持ちます。

実は、伊能忠敬が歩測を用いて測量を実施したのは、最初の第一次測量のみです。第二次測量以降は、基本的には歩測よりも精度の高い器具を用いて測量しました[14]。そこで本章では、伊能忠敬の第一次測量を取り上げ、その歩行の実際を掘り下げて考察します。

具体的には、まず①伊能忠敬の歩行距離の傾向を明らかにし、次に②伊能忠敬の歩測の実態を検証します。さらに③伊能忠敬の測量時の歩行が自然環境から受けた影響を解明して、最後に④伊能忠敬が第一次測量を通じて出会った人びととのエピソードを紐解きます。

伊能忠敬の測量の実際を知るための史料が『測量日記』です。筆まめだった伊能忠敬は、一七年間の測量旅行で毎日のように日記を付けていました。『測量日記』は、その日記を忠敬自身が後日清書したもので、全二八冊が存在します。毎日の天候、作業内容、宿泊地、訪問地などが淡々と記録され、忠敬の測量道中を理解するうえで恰好の史料です。第一次測量の模様は原題『蝦夷干役志　測量日記之内　三』[15]に収録されているので、これを基本的な情報源としました[16]。

2　伊能忠敬の歩行距離の傾向

寛政一二（一八〇〇）年の閏四月一九日から一〇月二一日にかけて、江戸と蝦夷地の間を往復する第一次測量が行われました。測量隊のメンバーは、伊能忠敬を隊長に、内弟子の門倉隼人、平山宗平、伊能秀蔵（忠敬の次男）、さらに下人の吉助と長助を加えた六名です。

図2－1は、第一次測量の行程を図示したものです。同じ道筋を往復するルートで、本州から蝦夷地の渡海を除いては、すべて陸路を移動していたことがわかります。

閏四月一九日に深川の自宅を出発し、千住宿から測量を開始します。その後は奥州街道を進み、宇都宮、白河、仙台、盛岡、野辺地、青森を経由して津軽半島北端の三厩から乗船し、蝦夷地の吉岡に到着します。蝦夷地に上陸すると、松前や箱館で諸手続きを済ませた後、長万部、室蘭、襟裳岬、釧路の順に東海岸を測量し、根室の少し西側に位置する厚岸、西別に至り、引き返して帰路の途につきました。復路は往路と同じルートを再測量して、一〇月二一日に江戸の深川に帰着し、一八〇日間の大旅行が幕を閉じます。

以下、伊能忠敬が第一次測量で歩いた距離の傾向を探ってみましょう。

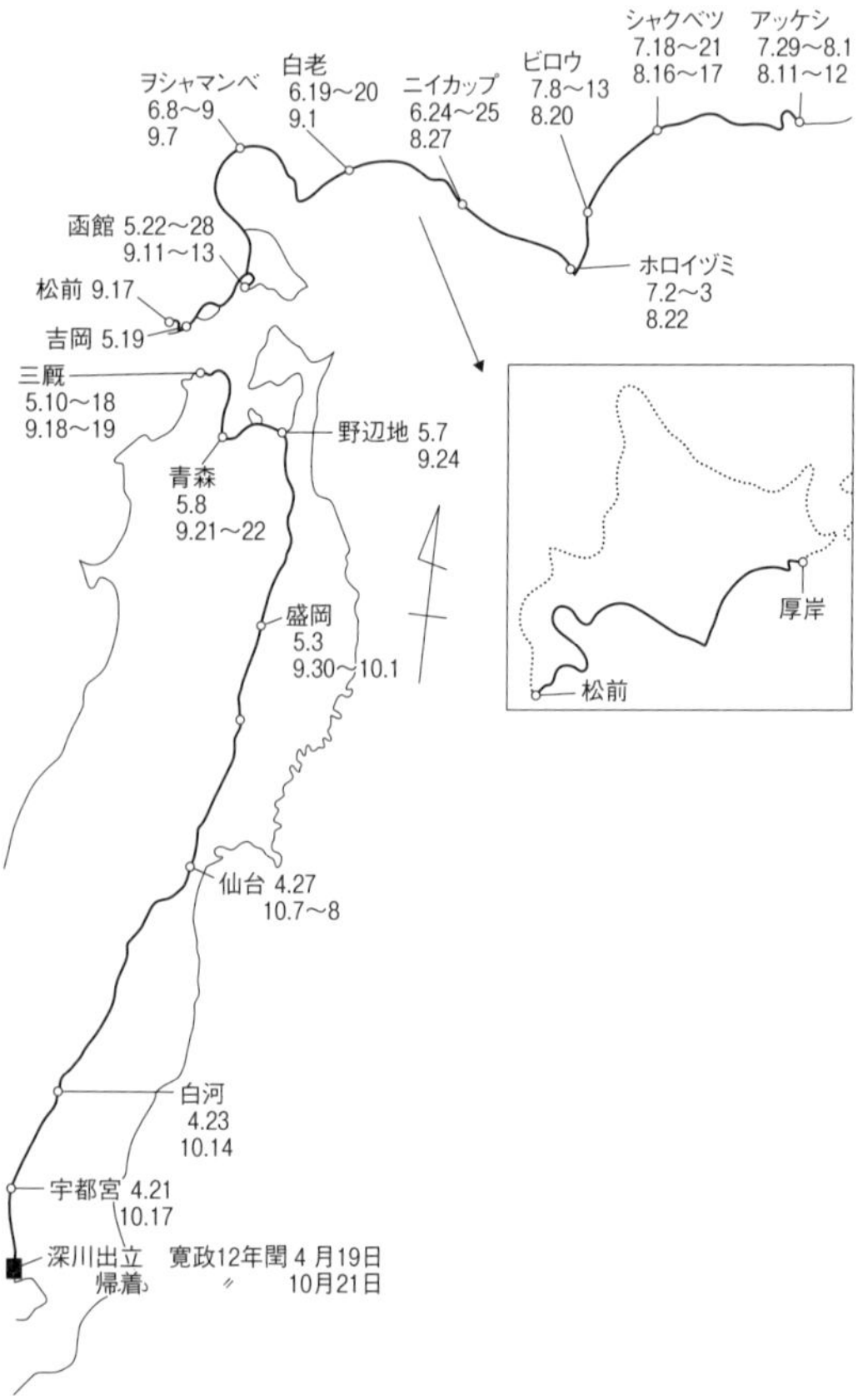

図 2 － 1　第一次測量の行程図

出典：「測量行程図」千葉県企画部広報県民課『伊能忠敬測量日記－千葉縣史料　近世篇』千葉県、1988、p. 552より作成

一日あたりの歩行距離

表2－2は、『測量日記』に記された第一次測量の一八〇日間の道中を分析し、伊能忠敬の毎日の歩行にまつわる情報を一覧にしたものです。その内容をベースに歩行距離の傾向を表2－3に整理しました。『測量日記』は、いわば公共事業の記録だけあって、忠敬が毎日歩んだ距離についてはかなり細かい情報を得ることができます。伊能測量隊は、千住から測量を開始し、蝦夷地では東部の西別で折り返して帰路についています。そこで、西別を境に往路と復路を区分し、さらに往復路の本州と蝦夷地をエリア分けして歩行距離の傾向を数値化しました。

第一次測量に費やした総日数は一八〇日間でしたが、そのうち同じ場所に逗留した日数が六五日、移動した距離が不明な日数が六日で、歩行距離が計測できたのは合わせて一〇九日間でした。この一〇九日間をベースに全行程の傾向を計算すると、計測の対象とした総移動距離が約三一一七・二km、一日平均の歩行距離は約二八・六kmとなります。歩行距離が最も短い日の値は五・八kmで、最長歩行距離は一日に約五二・五kmです。

近世後期に東北地方から伊勢参宮をした旅人の一日平均の歩行距離が三五kmほどでしたから、伊能忠敬は比較的スローペースで歩いていたことになります。もっとも、忠敬は可能な限り同じ歩幅を刻んで慎重に測量しながら歩いていたわけですから、その状態で平均三〇km弱の距離を連日歩き続けること自体が高度な離れ業だったと考えてよいでしょう。

続いて、伊能忠敬が歩んだ毎日の距離を一〇km単位で区切って日数をカウントしてみます。全行程

表2-2　伊能忠敬の歩行距離の一覧

日付（旧暦）	移動区間	宿泊地	歩行距離（㎞）	仮の歩数（歩）
閏4月19日	千住～大沢	大沢	15・5	22463・8
閏4月20日	大沢～古河	古河	37・6	54492・8
閏4月21日	古河～宇都宮	宇都宮	44・4	64347・8
閏4月22日	宇都宮～大田原	大田原	41・4	60000・0
閏4月23日	大田原～白河	白河	41・4	60000・0
閏4月24日	白河～本宮	本宮	51・5	74637・7
閏4月25日	本宮～瀬上	瀬上	39・4	57101・4
閏4月26日	瀬上～大河原	大河原	40・1	58115・9
閏4月27日	大河原～仙台	仙台	35・9	52029・0
閏4月28日	仙台～古河	古河	42・2	61159・4
閏4月29日	古河～有壁	有壁	41・5	60144・9
5月1日	有壁～水沢	水沢	32・3	46811・6
5月2日	水沢～花巻	花巻	31・4	45507・2
5月3日	花巻～盛岡	盛岡	38・8	56231・9
5月4日	盛岡～沼宮内	沼宮内	34・4	49855・1
5月5日	沼宮内～福岡	福岡	39・3	56956・5
5月6日	福岡～五ノ戸	五ノ戸	35・5	51449・3
5月7日	五ノ戸～野辺地	野辺地	44・3	64202・9
5月8日	野辺地～青森	青森	33・8	48985・5
5月9日	青森～平館	平舘	40・7	58985・5
5月10日	平館～三厩	三厩	25・3	36666・7
5月11日	逗留	三厩	—	—
5月12日	逗留	三厩	—	—
5月13日	逗留	三厩	—	—
5月14日	逗留	三厩	—	—
5月15日	逗留	三厩	—	—
5月16日	逗留	三厩	—	—
5月17日	逗留	三厩	—	—
5月18日	逗留	三厩	—	—
5月19日	三厩～吉岡	吉岡	船移動	—
5月20日	吉岡～福島	福島	5・8	8405・8
5月21日	福島～喜古内	喜古内	40・0	57971・0
5月22日	喜古内～箱館	箱館	42・2	61159・4
5月23日	逗留	箱館	—	—
5月24日	逗留	箱館	—	—
5月25日	逗留	箱館	—	—

5月26日	逗留	箱館	｜	｜
5月27日	逗留	箱館	｜	｜
5月28日	逗留	箱館	｜	｜
5月29日	箱館～大野村	大野村	19・5	28260・9
5月30日	逗留	大野村	｜	｜
6月1日	逗留	鷲ノ木村	｜	｜
6月2日	逗留	鷲ノ木村	｜	｜
6月3日	逗留	鷲ノ木村	｜	｜
6月4日	逗留	鷲ノ木村	｜	｜
6月5日	鷲ノ木村～山越内	山越内	32・0	46376・8
6月6日	逗留	山越内	｜	｜
6月7日	逗留	山越内	｜	｜
6月8日	山越内～長万部	長万部	48・7	70579・7
6月9日	逗留	長万部	｜	｜
6月10日	長万部～礼文華	礼文華	28・1	40724・6
6月11日	逗留	礼文華	｜	｜
6月12日	逗留	礼文華	｜	｜
6月13日	礼文華～虻田	虻田	20・5	29710・1
6月14日	逗留	虻田	｜	｜
6月15日	逗留	虻田	｜	｜
6月16日	虻田～室蘭	室蘭	37・0	53623・2
6月17日	室蘭～幌別	幌別	不明	｜
6月18日	逗留	幌別	｜	｜
6月19日	幌別～白老	白老	27・5	39855・1
6月20日	逗留	白老	｜	｜
6月21日	白老～勇仏	勇仏	33・7	48840・6
6月22日	逗留	勇仏	｜	｜
6月23日	勇仏～サルモンベツ	サルモンベツ	31・2	45217・4
6月24日	サルモンベツ～新冠	新冠	23・4	33913・0
6月25日	逗留	新冠	｜	｜
6月26日	新冠～三石	三石	25・3	36666・7
6月27日	逗留	三石	｜	｜
6月28日	三石～ムクチ	ムクチ	23・4	33913・0
6月29日	ムクチ～様似	様似	11・7	16956・5
7月1日	逗留	様似	｜	｜
7月2日	様似～幌泉	幌泉	27・3	39565・2
7月3日	逗留	幌泉	｜	｜
7月4日	幌泉～猿留	猿留	26・2	37971・0
7月5日	逗留	猿留	｜	｜

7月6日	逗留	猿留	—	—
7月7日	逗留	猿留	—	—
7月8日	猿留～広尾	広尾	22・1	32029・0
7月9日	逗留	広尾	—	—
7月10日	逗留	広尾	—	—
7月11日	逗留	広尾	—	—
7月12日	逗留	広尾	—	—
7月13日	逗留	広尾	—	—
7月14日	広尾～ドウブイ	ドウブイ	27・9	40434・8
7月15日	逗留	ドウブイ	—	—
7月16日	ドウブイ～大津内	大津内	24・5	35507・2
7月17日	逗留	大津内	—	—
7月18日	大津内～尺別	尺別	31・2	45217・4
7月19日	逗留	尺別	—	—
7月20日	逗留	尺別	—	—
7月21日	逗留	尺別	—	—
7月22日	尺別～白糠	白糠	26・0	37681・2
7月23日	逗留	白糠	—	—
7月24日	白糠～釧路	釧路	27・3	39565・2
7月25日	釧路～昆布森	昆布森	19・5	28260・9
7月26日	逗留	昆布森	—	—
7月27日	昆布森～仙鳳趾	仙鳳趾	22・5	32608・7
7月28日	逗留	仙鳳趾	—	—
7月29日	仙鳳趾～厚岸	厚岸	船移動	—
7月30日	逗留	厚岸	—	—
8月1日	逗留	厚岸	—	—
8月2日	厚岸～ノコベリベツ	ノコベリベツ	27・3	39565・2
8月3日	ノコベリベツ～姉別	姉別	23・4	33913・0
8月4日	逗留	姉別	—	—
8月5日	逗留	姉別	—	—
8月6日	逗留	姉別	—	—
8月7日	姉別～西別	西別	船移動	—
8月8日	逗留	西別	—	—
8月9日	西別～姉別	姉別	19・5	28260・9
8月10日	姉別～ノコベリベツ	ノコベリベツ	23・4	33913・0
8月11日	ノコベリベツ～厚岸	厚岸	27・3	39565・2
8月12日	逗留	厚岸	—	—
8月13日	厚岸～昆布森	昆布森	19・5	28260・9

8月14日	昆布森〜釧路	釧路	15・6	22608・7
8月15日	釧路〜白糠	白糠	27・3	39565・2
8月16日	白糠〜尺別	尺別	14・3	20724・6
8月17日	逗留	尺別	—	—
8月18日	尺別〜大津内	大津内	27・3	39565・2
8月19日	大津内〜ドウブイ	ドウブイ	24・5	35507・2
8月20日	ドウブイ〜広尾	広尾	27・9	40434・8
8月21日	広尾〜猿留	猿留	22・1	32029・0
8月22日	猿留〜幌泉	幌泉	26・3	38115・9
8月23日	幌泉〜様似	様似	27・3	39565・2
8月24日	逗留	様似	—	—
8月25日	様似〜ムクチ	ムクチ	11・7	16956・5
8月26日	ムクチ〜三石	三石	19・5	28260・9
8月27日	三石〜ニイカツプ	新冠	25・3	36666・7
8月28日	新冠〜サルモンベツ	サルモンベツ	23・4	33913・0
8月29日	サルモンベツ〜勇仏	勇仏	34・4	49855・1
9月1日	勇仏〜白老	白老	35・1	
9月2日	白老〜幌別	幌別	27・9	40434・8
9月3日	幌別〜絵鞆	絵鞆	19・5	28260・9
9月4日	逗留	絵鞆	—	—
9月5日	絵鞆〜虻田	虻田	23・4	33913・0
9月6日	虻田〜礼文華	礼文華	19・5	28260・9
9月7日	礼文華〜長万部	長万部	25・5	36956・5
9月8日	長万部〜山越内	山越内	船移動	—
9月9日	山越内〜鷲ノ木村	鷲ノ木村	21・4	31014・5
9月10日	鷲ノ木村〜大野	大野	33・1	47971・0
9月11日	大野〜箱館	箱館	19・5	28260・9
9月12日	逗留	箱館	—	—
9月13日	逗留	箱館	—	—
9月14日	箱館〜茂辺地	茂辺地	20・6	29855・1
9月15日	茂辺地〜知内	知内	35・1	50869・6
9月16日	知内〜福島	福島	27・3	39565・2
9月17日	福島〜松前	松前	19・5	28260・9
9月18日	松前〜三厩	三厩	船移動	—
9月19日	逗留	三厩	—	—
9月20日	三厩〜平舘村	平舘村	25・5	36956・5
9月21日	平舘村〜青森	青森	40・7	58985・5
9月22日	逗留	青森	—	—
9月23日	青森〜小湊	小湊	52・5	76087・0

9月24日	小湊〜野辺地	野辺地	17・0	24637・7
9月25日	野辺地〜七ノ戸	七ノ戸	22・6	32753・6
9月26日	七ノ戸〜五ノ戸	五ノ戸	25・3	36666・7
9月27日	五ノ戸〜三ノ戸	三ノ戸	19・0	27536・2
9月28日	三ノ戸〜一ノ戸	一ノ戸	23・8	34492・8
9月29日	一ノ戸〜沼宮内	沼宮内	32・0	46376・8
9月30日	沼宮内〜盛岡	盛岡	34・4	49855・1
10月1日	逗留	盛岡	—	—
10月2日	盛岡〜花巻	花巻	35・5	51449・3
10月3日	花巻〜水沢	水沢	30・2	43768・1
10月4日	水沢〜一関	一関	25・3	36666・7
10月5日	一関〜築館	築館	28・4	41159・4
10月6日	築館〜吉岡	吉岡	40・0	57971・0
10月7日	吉岡〜仙台	仙台	23・8	34492・8
10月8日	逗留	仙台	—	—
10月9日	仙台〜舟廻	舟廻	30・6	44347・8
10月10日	舟廻〜越河	越河	30・7	44492・8
10月11日	越河〜福島	福島	24・9	36087・0
10月12日	福島〜二本松	二本松	21・0	30434・8
10月13日	二本松〜須加川	須加川	35・5	51449・3
10月14日	須加川〜白川	白川	26・3	38115・9
10月15日	白川〜越堀	越堀	28・5	41304・3
10月16日	越堀〜喜連川	喜連川	30・4	44058・0
10月17日	喜連川〜宇都宮	宇都宮	24・6	35652・2
10月18日	宇都宮〜間々田	間々田	41・4	60000・0
10月19日	間々田〜幸手	幸手	23・4	33913・0
10月20日	幸手〜草加	草加	29・4	42608・7
10月21日	草加〜千住	深川に帰宅	8・6	12463・8

注：「仮の歩数」は六九㎝で計算している。

出典：伊能忠敬「蝦夷干役志　測量日記之内　三」千葉県企画部広報県民課『伊能忠敬測量日記一　千葉縣史料　近世篇』千葉県、一九八八、二六―七〇頁より作成

表2－3　伊能忠敬の歩行距離の傾向

区分	エリア	日数（日）				歩行距離（km）				歩行距離別の日数（日）					
		総日数	計測日数	距離不明	逗留	総距離	平均	最長	最短	一桁台	10km台	20km台	30km台	40km台	50km台
往路	a. 千住～三厩	29	21	0	8	786.7	37.5	51.5	15.5	0	1	1	10	8	1
	b. 吉岡～西別	79	28	4	47	755.2	27.0	48.7	5.8	1	3	16	5	3	0
	往路全体(a+b)	108	49	4	55	1541.9	31.5	51.5	5.8	1	4	17	15	11	1
復路	c. 西別～松前	38	31	1	6	744.0	24.0	35.1	11.7	0	10	17	4	0	0
	d. 三厩～千住	34	29	1	4	831.3	28.7	52.5	8.6	1	2	14	8	3	1
	復路全体(c+d)	72	60	2	10	1575.3	26.3	52.5	8.6	1	12	31	12	3	1
全行程(a+b+c+d)		180	109	6	65	3117.2	28.6	52.5	5.8	2	16	48	27	14	2

注：小数点第2位を四捨五入している。往路全体、復路全体、全行程の平均歩行距離は、それぞれ計測日数の合計を総距離の合計で割って計算した。

出典：伊能忠敬「蝦夷干役志　測量日記之内　三」千葉県企画部広報県民課『伊能忠敬測量日記ー千葉縣史料　近世篇』千葉県、1988、pp. 26-70より作成

で見ると、一桁の日が二日、一〇km台が一六日、二〇km台が四八日、三〇km台が二七日、四〇km台が一四日、五〇km台が二日です。歩行距離別の割合は、二〇～三〇km台に集中しているものの、二〇km以下、四〇km以上の範囲にも分布していることがわかります。

次に、エリア別にもう少し細かく見ていきましょう。往復の平均歩行距離を比べると、往路（約三一・五km）の方が復路（約二六・三km）よりも長い距離を歩く傾向にありました。四つのエリア区分のうち、平均的に最も長い距離を歩いているのがa．千住～三厩間（約三七・五km）です。以下、d．三厩～千住間（約二八・七km）、b．吉岡～西別間（約二七・〇km）、c．西別～松前間（約二四・〇km）と続きますが、あまり大差はありません。往路の奥州街道だけが突出して急ピッチで測量が進んでいるのは、第一次測量の大きな目的が蝦夷地にフォーカスされていたため、最初の本州エリアは通過点として先を急いだからではないでしょうか。

蝦夷地（b．c．）と本州（a．d．）を比べると、総じて本州の方が長く歩く傾向にあったことがわかります。後述するように、蝦夷地では多くの難所が待ち受けていたので、歩測での測量距離を延ばし難かったことも大きな理由でしょう。

日数の経過と歩行距離の関係

日数の経過が歩行距離に及ぼした影響を知る目的で、伊能忠敬の旅の道中を一〇日単位で区切り、一〇日毎の平均歩行距離の推移を表２－４に示しました。日数を重ねるごとに疲労が蓄積していくことを思えば、旅の序盤と終盤とでは、歩行可能な距離にも自ずと差異が生じるのではないかと考えたからです。

時系列でみると、伊能忠敬は、序盤の二〇日間程度は平均で三〇㎞台後半の長距離を歩き続け、中盤以降はおよそ二〇㎞台半ばで推移し、終盤には二〇㎞台後半まで再びペースが上がっていることがわかります。『測量日記』の淡々とした記述からは忠敬の疲労度を読み取ることはできませんが、時系列で見る限り、疲労の蓄積によって歩行距離が減退した様子は見られません。それればかりか、最長歩行距離を見ると、旅の終盤になって四〇㎞以上歩く日が確認されるようになり、五〇㎞を超える距離も歩き通しています。

保柳は、こうして旅の終盤にハイペースで測量が行われた理由を、旅費の節約という観点から説明します。伊能忠敬は測量費用として一〇〇両（幕府からの手当は二〇両）を持参しましたが、江戸に

表２－４　日数の経過と歩行距離の関係

日数の経過（計測日数）	１日平均の歩行距離（km）	最長の歩行距離（km）	日数の経過（計測日数）	１日平均の歩行距離（km）	最長の歩行距離（km）
１～10日目（10日）	38.9	51.5	91～100日目（４日）	23.8	27.3
11～20日目（10日）	37.2	44.3	101～110日目（４日）	23.4	27.3
21～30日目（１日）	25.3	25.3	111～120日目（８日）	23.0	27.9
31～40日目（４日）	26.9	42.2	121～130日目（９日）	25.0	35.1
41～50日目（２日）	40.4	48.7	131～140日目（８日）	23.7	33.1
51～60日目（４日）	28.3	37.0	141～150日目（６日）	28.1	40.7
61～70日目（６日）	24.8	33.7	151～160日目（８日）	28.3	52.5
71～80日目（３日）	25.2	27.3	161～170日目（９日）	29.9	40.0
81～90日目（３日）	27.9	31.2	171～180日目（10日）	26.9	41.4

出典：伊能忠敬「蝦夷干役志　測量日記之内　三」千葉県企画部広報県民課『伊能忠敬測量日記一　千葉縣史料　近世篇』千葉県、1988、pp. 26-70より作成

戻った時には残金は一分のみでした。帰路の奥州街道では、往路で急いだ分は丁寧な再測量が必要だったものの、旅費が底をつかないうちに少しでも早く江戸に帰らなければならなかったそうです[17]。

このような差し迫った事情が影響したとはいえ、一八〇日間に及ぶ旅の終盤に再びギアを入れ替えて長距離を歩んだ伊能忠敬は、驚異的な健脚の持ち主だったと言えるでしょう。

歩行時間の検証

伊能忠敬は毎日どのくらいの時間をかけて歩測をしていたのでしょうか。忠敬は、道中の行動を時刻情報と併せて入念に書き留めていました。

表2-5は、『測量日記』に記された時刻の情報を基に、第1章と同じ方法で「移動した時間」と「仮定の時速」を求めたものです。

表を見ると、伊能忠敬は平均して毎日およそ一〇時間を歩測に費やしていたことがわかります。一三~一四時間以上をかけている日も珍しくありません。移動時間に比例して歩行距離が必ずしも長くなっているわけではありませんが、歩行の進度は一定のペースが維持されていました。機械的に計算すると、伊能忠敬の平均的な時速はだいたい二~三㎞の範囲に収まります。近世後期に伊勢参宮をした旅人の移動距離は一時間平均で三~四㎞ほどでしたので、(18) 伊能忠敬の歩行の速度は当時としては若干スローペースの部類に入ります。常に同じ歩幅を保って長距離を歩測するにあたって、少しでも精度を落とさず慎重に測量に挑む忠敬の姿が浮かび上がってくるようです。

『奥州紀行』にみる伊能忠敬の観光旅行の歩行距離

ここで、伊能忠敬がかつて行った、測量を目的としない旅の歩行距離を引き合いに出して、第一次測量時の歩行距離の傾向を相対化してみましょう。

忠敬自身が第一次測量と部分的に重なるルートを過去に歩いた記録が残されています。安永七(一

表2-5 伊能忠敬の歩行と時間の関係

日付	出発地	出発時刻（中間時刻）	宿泊地	到着時刻（中間時刻）	移動した時間	歩行距離（km）	仮定の時速（km）
閏4月20日	大沢	6:26～7:44（7:05）	古河	16:53～18:11（17:32）	10時間27分	37.6	3.6
閏4月21日	古河	6:26～7:44（7:05）	宇都宮	19:30～20:12（19:51）	12時間46分	44.4	3.5
閏4月22日	宇都宮	5:07～6:26（5:47）	大田原	18:11～19:30（18:51）	13時間4分	41.4	3.2
閏4月23日	大田原	5:07～6:26（5:47）	白河	16:53～18:11（17:32）	11時間45分	41.4	3.5
閏4月24日	白河	3:49～5:07（4:28）	本宮	16:53～18:11（17:32）	13時間4分	51.5	3.9
閏4月25日	本宮	5:07～6:26（5:47）	瀬上	18:11～19:30（18:51）	13時間4分	39.4	3.0
閏4月26日	瀬上	3:49～5:07（4:28）	大河原	16:53～18:11（17:32）	11時間45分	40.1	3.4
閏4月27日	大河原	3:49～5:07（4:28）	仙台	15:35～16:53（16:14）	11時間46分	35.9	3.1
閏4月28日	仙台	6:26～7:44（7:05）	古河	16:53～18:11（17:32）	10時間27分	42.2	4.0
閏4月29日	古河	6:27～7:46（7:07）	有壁	16:58～18:17（17:38）	10時間31分	41.5	3.9
5月2日	水沢	3:49～5:08（4:29）	花巻	14:20～15:39（15:00）	10時間31分	31.4	3.0
5月5日	沼宮内	5:08～6:27（5:48）	福岡	16:58～18:17（17:38）	11時間50分	39.3	3.3
5月6日	福岡	5:08～6:27（5:48）	五ノ戸	14:20～15:39（15:00）	9時間12分	35.5	3.9
5月7日	五ノ戸	6:27～7:46（7:07）	野辺地	16:58～18:17（17:38）	10時間31分	44.3	4.2
5月8日	野辺地	6:27～7:46（7:07）	青森	18:17～19:36（18:57）	11時間50分	33.8	2.9

5月9日	青森	3:49～5:08(4:29)	平舘	16:58～18:17(17:38)	13時間09分	40.7	3.1
5月10日	平館	6:27～7:46(7:07)	三厩	15:39～16:58(16:19)	9時間12分	25.3	2.8
5月22日	喜古内	3:55～5:13(4:34)	箱館	16:59～18:17(17:38)	13時間04分	42.2	3.2
5月29日	箱館	6:32～7:50(7:11)	大野村	16:59～18:17(17:38)	10時間27分	19.5	1.9
6月5日	鷲ノ木村	6:39～7:56(7:18)	山越内	16:55～18:12(17:34)	10時間16分	32.0	3.1
6月8日	山越内	4:05～5:22(4:44)	長万部	18:12～19:29(18:51)	14時間07分	48.7	3.4
6月10日	長万部	5:22～6:39(6:01)	礼文華	16:55～18:12(17:34)	11時間33分	28.1	2.4
6月13日	礼文華	6:39～7:56(7:18)	虻田	18:12～19:29(18:51)	11時間33分	20.5	1.8
6月16日	虻田	6:39～7:56(7:18)	室蘭	16:55～18:12(17:34)	10時間16分	37.0	3.6
6月19日	幌別	5:32～6:47(6:10)	白老	18:01～19:15(18:38)	12時間28分	27.5	2.2
6月21日	白老	5:32～6:47(6:10)	勇仏	18:01～19:15(18:38)	12時間28分	33.7	2.7
6月23日	勇仏	4:17～5:32(4:55)	サルモンベツ	18:01～19:15(18:38)	13時間43分	31.2	2.3
6月24日	サルモンベツ	6:47～8:02(7:25)	新冠	14:16～15:31(14:54)	7時間29分	23.4	3.1
6月26日	新冠	6:47～8:02(7:25)	三石	16:46～18:01(17:24)	9時間59分	25.3	2.5
6月28日	三石	5:32～6:47(6:10)	ムクチ	14:16～15:31(14:54)	8時間44分	23.4	2.7
6月29日	ムクチ	6:47～8:02(7:25)	様似	14:16～15:31(14:54)	7時間29分	11.7	1.6
7月2日	様似	6:47～8:02(7:25)	幌泉	20:45～21:31(21:08)	13時間43分	27.3	2.0
7月4日	幌泉	6:54～8:06(7:30)	猿留	17:45～18:58(18:22)	10時間52分	26.2	2.4

7月8日	猿留	4：29～5：41（5：05）	広尾	16：33～17：45（17：09）	12時間04分	22・1	1・8
7月14日	広尾	6：54～8：06（7：30）	ドウブイ	17：45～18：58（18：22）	10時間52分	27・9	2・7
7月16日	ドウブイ	5：41～6：54（6：18）	大津内	16：33～17：45（17：09）	10時間51分	24・5	2・6
7月18日	大津内	5：41～6：54（6：18）	尺別	16：33～17：45（17：09）	10時間51分	31・2	2・9
7月22日	尺別	7：00～8：10（7：35）	白糠	15：07～16：17（15：42）	8時間07分	26・0	3・2
7月24日	白糠	7：00～8：10（7：35）	釧路	16：17～17：27（16：52）	9時間17分	27・3	2・9
7月25日	釧路	7：00～8：10（7：35）	昆布森	13：58～15：07（14：33）	6時間58分	19・5	2・8
7月27日	昆布森	7：00～8：10（7：35）	仙凰趾	17：27～18：36（18：02）	10時間27分	22・5	2・2
8月3日	ノコベリベツ	7：00～8：10（7：35）	姉別	13：58～15：07（14：33）	6時間58分	23・4	3・4
8月9日	西別	7：07～8：14（7：41）	姉別	17：07～18：13（17：40）	9時間59分	19・5	2・0
8月10日	姉別	7：07～8：14（7：41）	ノコベリベツ	13：47～14：53（14：20）	6時間39分	23・4	3・5
8月11日	ノコベリベツ	7：07～8：14（7：41）	厚岸	16：00～17：07（16：34）	8時間53分	27・3	3・1
8月13日	厚岸	6：01～7：07（6：34）	昆布森	17：07～18：13（17：40）	11時間06分	19・5	1・8
8月14日	昆布森	7：07～8：14（7：41）	釧路	13：47～14：53（14：20）	6時間39分	15・6	2・3
8月15日	釧路	7：07～8：14（7：41）	白糠	17：07～18：13（17：40）	9時間59分	27・3	2・7
8月16日	白糠	7：07～8：14（7：41）	尺別	12：40～13：47（13：14）	5時間33分	14・3	2・6
8月18日	尺別	6：01～7：07（6：34）	大津内	16：00～17：07（16：34）	10時間00分	27・3	2・7
8月19日	大津内	6：01～7：07（6：34）	ドウブイ	16：00～17：07（16：34）	10時間00分	24・5	2・5

8月20日	ドウブイ	6:09〜7:13(6:41)	広尾	16:48〜17:52(17:20)	10時間39分	27・9	2・6
8月21日	広尾	6:09〜7:13(6:41)	猿留	15:44〜16:48(16:16)	9時間35分	22・1	2・3
8月22日	猿留	6:09〜7:13(6:41)	幌泉	16:48〜17:52(17:20)	10時間39分	26・3	2・5
8月23日	幌泉	6:09〜7:13(6:41)	様似	17:52〜18:48(18:20)	11時間39分	27・3	2・3
8月26日	ムクチ	7:13〜8:17(7:45)	三石	15:44〜16:48(16:16)	8時間31分	19・5	2・3
8月27日	三石	6:09〜7:13(6:41)	新冠	15:44〜16:48(16:16)	9時間35分	25・3	2・6
8月28日	新冠	7:13〜8:17(7:45)	サルモンベツ	15:44〜16:48(16:16)	8時間31分	23・4	2・7
8月29日	サルモンベツ	6:09〜7:13(6:41)	勇払	15:44〜16:48(16:16)	9時間35分	34・4	3・6
9月1日	勇払	5:05〜6:09(5:37)	白老	15:44〜16:48(16:16)	10時間39分	35・1	3・3
9月2日	白老	7:13〜8:17(7:45)	幌別	16:48〜17:52(17:20)	9時間35分	27・9	2・9
9月3日	幌別	7:13〜8:17(7:45)	絵鞆	13:36〜14:40(13:58)	6時間13分	19・5	3・1
9月5日	絵鞆	7:13〜8:17(7:45)	虻田	17:52〜18:48(18:20)	10時間35分	23・4	2・2
9月6日	虻田	7:21〜8:22(7:52)	礼文華	15:31〜16:32(16:02)	8時間10分	19・5	2・4
9月7日	礼文華	5:18〜6:19(5:49)	長万部	15:31〜16:32(16:02)	10時間13分	25・5	2・5
9月9日	山越内	6:19〜7:21(7:10)	鷲ノ木村	15:31〜16:32(16:02)	8時間52分	21・4	2・4
9月10日	鷲ノ木村	5:18〜6:19(5:49)	大野	16:32〜17:33(17:03)	11時間14分	33・1	2・9
9月11日	大野	5:18〜6:19(5:49)	箱館	11:26〜12:27(11:57)	6時間08分	19・5	3・2
9月14日	箱館	5:18〜6:19(5:49)	茂辺地	16:32〜17:33(17:03)	11時間14分	20・6	1・8

9月15日	茂辺地	5：18～6：19（5：49）	知内	15：31～16：32（16：02）	10時間13分	35・1	3・4
9月16日	知内	5：18～6：19（5：49）	福島	15：31～16：32（16：02）	10時間13分	27・3	2・7
9月17日	福島	6：19～7：21（7：10）	松前	14：30～15：31（15：01）	7時間51分	19・5	2・5
9月20日	三厩	5：18～6：19（5：49）	平舘村	15：31～16：32（16：02）	10時間13分	25・5	2・5
9月21日	平舘村	4：31～5：32（5：02）	青森	16：19～17：17（16：48）	11時間46分	40・7	3・5
9月23日	青森	4：31～5：32（5：02）	小湊	12：24～13：22（12：56）	7時間54分	52・5	6・6
9月24日	小湊	5：32～6：31（6：02）	野辺地	11：25～12：24（11：55）	5時間53分	17・0	2・9
9月25日	野辺地	5：32～6：31（6：02）	七ノ戸	12：24～13：22（12：56）	6時間54分	22・6	3・3
9月26日	七ノ戸	4：31～5：32（5：02）	五ノ戸	11：25～12：24（11：55）	6時間54分	25・3	3・7
9月27日	五ノ戸	5：32～6：31（6：02）	三ノ戸	11：25～12：24（11：55）	6時間54分	19・0	2・8
9月28日	三ノ戸	6：31～7：30（7：01）	一ノ戸	15：20～16：19（15：50）	8時間49分	23・8	2・7
9月29日	一ノ戸	5：32～6：31（6：02）	沼宮内	16：19～17：17（16：48）	10時間46分	32・0	3・0
9月30日	沼宮内	4：31～5：32（5：02）	盛岡	15：20～16：19（15：50）	10時間48分	34・4	3・2
10月2日	盛岡	4：31～5：32（5：02）	花巻	15：20～16：19（15：50）	10時間48分	35・5	3・3
10月3日	花巻	4：31～5：32（5：02）	水沢	14：21～15：20（14：51）	9時間49分	30・2	3・1
10月4日	水沢	4：31～5：32（5：02）	一関	13：22～14：21（13：52）	8時間50分	25・3	2・9
10月5日	一関	4：31～5：32（5：02）	築館	14：21～15：20（14：51）	9時間49分	28・4	2・9
10月6日	築館	5：47～6：44（6：16）	吉岡	16：11～17：07（16：39）	10時間23分	40・0	3・9

10月7日	吉岡	4:31～5:47(5:09)	仙台	12:24～13:21(12:53)	7時間44分	23.8	3.1
10月9日	仙台	4:31～5:47(5:09)	舟廻	15:14～16:11(15:43)	10時間34分	30.6	2.9
10月10日	舟廻	3:41～4:44(4:03)	越河	14:17～15:14(14:46)	10時間43分	30.7	2.9
10月11日	越河	5:47～6:44(6:16)	福島	14:17～15:14(14:46)	8時間30分	24.9	2.9
10月12日	福島	4:31～5:47(5:09)	二本松	13:21～14:17(13:49)	8時間40分	21.0	2.4
10月13日	二本松	3:41～4:44(4:03)	須加川	15:14～16:11(15:43)	11時間40分	35.5	3.0
10月14日	須加川	4:31～5:47(5:09)	白川	13:21～14:17(13:49)	8時間40分	26.3	3.0
10月15日	白川	3:41～4:44(4:03)	越堀	13:21～14:17(13:49)	9時間46分	28.5	2.9
10月16日	越堀	4:31～5:47(5:09)	喜連川	14:17～15:14(14:46)	9時間37分	30.4	3.1
10月17日	喜連川	3:41～4:44(4:03)	宇都宮	11:27～12:24(11:56)	7時間53分	24.6	3.1
10月18日	宇都宮	3:41～4:44(4:03)	間々田	12:24～13:21(12:53)	8時間50分	41.4	4.7
10月19日	間々田	4:31～5:47(5:09)	幸手	12:24～13:21(12:53)	7時間44分	23.4	3.0
10月20日	幸手	4:31～5:47(5:09)	草加	13:21～14:17(13:49)	8時間40分	29.4	3.4

出典：伊能忠敬「蝦夷干役志　測量日記之内　三」千葉県企画部広報県民課『伊能忠敬測量日記一　千葉縣史料　近世篇』千葉県、一九八八、二六一―七〇頁より作成

七八七）年、忠敬が三四歳の時、妻のミチらを連れ立って東北に旅をした際に書き留めた『奥州紀行』です。五月二八日に佐原を出立し、往路は海岸沿いに北上して松島に至り、帰路は内陸を南下して六月二一日に帰郷しています。

『奥州紀行』には道中で移動した宿場間の距離が明記されているので、その情報をもとに忠敬が歩いた距離を算出し、表2－6に整理しました[19]。

二四日間の旅のうち、歩行距離を計測できた日数は二〇日です。歩いた距離の総計は約六四七・七kmで、これを日数で割ると、一日平均の歩行距離は三二・四kmとなります。第一次測量の平均歩行距離（約二八・六km）はこれよりも短いものでした。

表2－6　『奥州紀行』にみる歩行距離

日付（旧暦）	移動区間	宿泊地	歩行距離（km）
5月28日	佐原～中の湊	中の湊	27.3
5月29日	中の湊～石上	石上	21.6
6月1日	石上～高萩	高萩	31.5
6月2日	高萩～湯本	湯本	39.1
6月3日	湯本～四ツ倉	四ツ倉	17.7
6月4日	四ツ倉～冨岡	冨岡	28.0
6月5日	冨岡～鹿嶋	鹿嶋	32.0
6月6日	鹿嶋～山下	山下	36.3
6月7日	山下～国分町	国分町	37.8
6月8日	逗留	国分町	—
6月9日	逗留	国分町	—
6月10日	国分町～塩釜	塩釜	17.5
6月11日	逗留	塩釜	29.1
6月12日	塩釜～国分町	国分町	17.5
6月13日	国分町～白石	白石	51.2
6月14日	白石～福嶋	福嶋	36.1
6月15日	福嶋～郡山	郡山	44.6
6月16日	郡山～棚倉	棚倉	46.8
6月17日	棚倉～川原野	川原野	41.8
6月18日	川原野～水戸	水戸	40.3
6月19日	逗留	水戸	—
6月20日	水戸～玉造	玉造	32.0
6月21日	玉造～佐原	佐原	19.5

出典：伊能忠敬「奥州紀行」『伊能忠敬研究』83号、2017、pp. 8－13より作成

また、『奥州紀行』が示す最長歩行距離は国分町～白石間の五一・二kmです。距離別の内訳は、一〇km台が四日、二〇km台が四日、三〇km台が七日、四〇km台が四日、五〇km台が一日で、平均値に近い三〇km台を中心に四〇km以上の距離もしっかり歩く傾向にありました。

一方、第一次測量の中で奥州街道エリアの平均歩行距離を抜き出すと、前述したように、往路（千住～三厩）が三七・五㎞、復路（三厩～千住）が二八・七㎞でした。特に、往路の奥州街道では、上記の『奥州紀行』の道中を上回る距離を歩いていたことがわかります。

このように、第一次測量と『奥州紀行』の旅を比較してみると、両者の歩行距離は総じて同じような傾向を示します。ただし、忠敬が妻と奥州旅行をしたのが三四歳、蝦夷地測量に旅立ったのが五五歳で、そこには約二〇年間の開きがあります。当然、忠敬の体力レベルも、過ぎた年月とともに低下したと考えるのが自然でしょう。

こうして、若き日と同様のペースで第一次測量時の奥州街道を歩いた忠敬は、二〇年前に勝るとも劣らない健脚を維持していた可能性が浮かび上がってきます。

3　伊能忠敬の歩測の実態

伊能忠敬の歩測

歩測は古来より人類を支えてきた長さの計量手段です。決まった長さの物体を尺度にする静的な方法とは違って、脚の運動から生じる歩幅を基準とした動的な長さの単位が用いられます。一定の歩幅を維持して歩数を数えることで距離を確定させる方法です。

伊能忠敬の第一次測量は、すべて歩測で行われました。第一次測量後、師匠の高橋至時を通じて幕府に地図を提出した際の忠敬の添書きには、次の文面が見られます。

「道路里數之儀ハ往返日數之限も有之候間一々間棹間縄等相用候儀も難仕間歩行之足數を以里數を相求メ申候尤御府内ゟ蝦夷地之極東ニシベツ之地ニ至リ候迄不殘足數相記し海川の外ハ嶮難之山道ニ而も一歩相漏レ不申候[20]」

当初は、幕府から測量を命じられた蝦夷地だけは間縄[21]を使って精度を上げようとしましたが、日数の都合もあって難しく、江戸から蝦夷地の西別まで、海や川以外は険しい山道も含めすべて「足数」つまり歩測によって漏れなく測量したそうです。

また、高橋至時が同門の暦学者の間重富に宛てた書簡『星学手簡』にも、伊能忠敬の歩測を示す文面があります。寛政一二（一八〇〇）年一一月一〇日付の書状には、「江戸ゟ蝦夷地此度参候『ニシベツ』と申所迄凡ソ四百二三十里有之候此間を少しも不殘足數を記し申候大骨折成事ニ御座候[22]」と記されています。江戸〜蝦夷地間を歩測するという「大骨折」な偉業を成し遂げた弟子の忠敬を称賛した内容です。

一定の歩幅を維持して長距離を歩測することは、相当な技量が要求されます。計量史学者の岩田重男は、平坦な道を歩く場合でも、道が直線なのか、曲がりくねっているのか、あるいは道幅に大小の変化があるのかによって歩行に影響が生じると指摘します。また、傾斜のある道では、歩幅は上り坂では減少し、下り坂では増加傾向を示すそうです[23]。

伊能忠敬自身も、計測法としての歩測の曖昧さには気が付いていました。前述した忠敬の添書きには、「山坂を越候所ハ平坦の土地より見候へハ必足數も多く相成候ニ付其加減も仕候共少々之伸縮も可有御座候[24]」と説明されています。傾斜のある山坂では歩数が多くなるため、歩幅を適宜伸縮する工夫をしていたのです。このように、路面の条件次第で同じ歩幅を維持し難くなるという点でも、歩測の精度には限界があったと見なければなりません[25]。

伊能忠敬の歩幅

伊能忠敬が歩測を実施した際の一歩の幅は、佐久間達夫によって「六九cm」とされています[26]。伊能忠敬記念館の重要文化財資料で享和二（一八〇二）年にまとめられた『雑録』という文献の中に、浅草の暦局から千住宿までの距離として、「申　歩間　一丁ニ百五十八[27]」という記述があります。申年とは寛政一二（一八〇〇）年を指し、第一次測量と同年です。佐久間は、この一町（丁）につき一五八歩という数字が、忠敬の歩幅を示すと指摘しました。

忠敬が長さの基準として用いた一尺の長さは「〇・三〇三〇三m」（三〇・三〇三cm）だとされています[28]ので、一間を六尺、一町を六〇間とすると、一町の長さは「一〇九〇九・〇八cm」（三〇・三〇三cm×六尺×六〇間）となります。これを『雑録』の記述に当てはめて、一町（一〇九〇九・〇八cm）を一五八歩で割った数値が「六九・〇四cm」です。こうして、伊能忠敬の歩幅「六九cm説」が導き出され、現在のところ定説として位置づけられています。

本書では、伊能忠敬の歩幅は「六九cm」と仮定して話を進めますが、この数字を補う史料が存在します。前述した『星学手簡』の中で高橋至時は、第一次測量後に幕府に提出した地図の縮尺に関して、「弐百足曲尺ニ而壹分の積り之仕立」(29)と書いています。つまり、伊能忠敬の歩測の結果を地図上に表現する際、二〇〇歩を一分の割合として地図を作成したというのです。

この記述からも、伊能忠敬の歩幅の目安を得ることができます。第一次測量の内容が記された『測量日記』の巻末には、測量結果を地図に起こす際の縮尺の凡例が、「此図曲尺六尺ヲ一間トシ、三十六町ヲ一里トス、一里二寸九分七厘ニ準ス」(30)と記載されました。詳細な計算は省略しますが、この地図は四万三六三六分の一の縮尺で製作されていたことになります。この数字に、先の『星学手簡』の記述を当てはめると、ここでいう一分（〇・三〇三cm）の距離は「一三二二一・七cm」（〇・三〇三cm×四万三六三六）ですので、これを二〇〇歩で割ると忠敬の一歩の幅は「六六・一cm」となります。定説の六九cmと比べて、ほとんど誤差はありません。

ところで、伊能忠敬の歩幅（六九cm）は、一般的な広さだったのでしょうか。当時の人びとの歩幅を示すデータはありませんので、なるべく近い時代の歩幅の情報と比べてみましょう。

石川は、大正一三（一九二四）年の秋に岡山県某所の街頭で約一ヵ月間にわたって歩行者の統計調査を行っています。その結果によれば、男性の平均的な歩幅は、二〇代が六六・四cm、三〇代が六七・三cm、四〇代が六一・九cm、五〇代が六三・八cmでした。(31)

また、昭和一〇（一九三五）年の夏には、片淵が愛知県某所の駅前の繁華街で約一ヵ月半におよぶ歩行者の調査を実施しました。片淵の調査の特徴は、歩行者の服装を和装と洋装に区別した点にあります。統計の結果、男性の平均的な歩幅は、長くても洋装が七〇・三cm（三六〜四〇歳の平均）、和装が六八・一cm（三一〜三五歳の平均）でした(32)。

人間の歩幅は身長や下肢長、足長、足幅などさまざまな条件から影響を受けますが(33)、こうした条件を棚上げして統計調査の結果が示す平均値と照らし合わせると、伊能忠敬の歩幅「六九cm説」は、概ね妥当な数値だと言えるでしょう。

ここで、参考値を得る意味合いで、伊能忠敬の歩幅を現代的な尺度から考えてみましょう。今日、一般的な速度でウォーキングをするための歩幅の目安は、「身長×〇・四五」という計算式で求められると言われます(34)。この計算式で忠敬の歩幅を考えるためには、身長の目星をつける必要があります。忠敬の身長は、本人が着ていた衣類の長さから一六〇cm程度と推測されていますが(35)、根拠に乏しいと言わざるを得ません。

そこで、当時の平均身長が頼りになります。関東地方から出土した成人の大腿骨を用いた研究によると、成人男性の平均身長は近世前期で一五五cm程度、近世後期でも一五六cm程度だったと推定されました(36)。伊能忠敬は近世後期の人物なので、当時の平均身長を先の数式に当てはめると、「一五六cm×〇・四五＝七〇・二cm」という歩幅の目安が導き出されます。偶然の一致である可能性は否めませんが、「六九cm説」とほぼ一致します。仮に、伊能忠敬の身長が平均程度だったとすると、忠敬が六

表２－７　伊能忠敬の歩数の傾向

１日平均歩数	最大歩数	合計歩数	１万歩以下	１万歩台	２万歩台	３万歩台	４万歩台	５万歩台	６万歩台	７万歩台
４万1359.４歩	７万6087.０歩	446万6811.６歩	１日	３日	16日	39日	23日	15日	８日	３日

出典：伊能忠敬「蝦夷干役志　測量日記之内　三」千葉県企画部広報県民課『伊能忠敬測量日記一　千葉縣史料　近世篇』千葉県、1988、pp. 26-70より作成

九㎝程度の歩幅で歩く様子は、現代人の私たちから見ても違和感のない姿だったと理解することができるでしょう。

伊能忠敬の歩数

すでに検証した第一次測量の一日あたりの歩行距離を忠敬の歩幅（六九㎝と仮定）で割ると、日々の歩測時の歩数も自動的に浮かび上がってきます。この方法で算出した全行程の歩数は、表２－２の「仮の歩数」の欄に掲載しましたが、その傾向をまとめたものが表２－７です。

伊能忠敬の歩測時の歩数は、一日平均で四万一三五九・四歩、最大で七万六〇八七・〇歩（復路の青森～小湊間にて）、合計で四四六万六八一一・六歩に及びます。歩数の内訳を見ると、三～四万歩台を中心に、それ以上の歩数を刻んだ日も少なくありません。歩数が一万歩に満たない日は、わずか一日のみです。

厚生労働省が令和元（二〇一九）年度に実施した「国民健康・栄養調査」によると、一日あたりの歩数の平均値は、男性で六七九三歩、女性で五八三二歩でした[37]。歩測という使命を全うするためとはいえ、現代人と比べると、伊能忠敬が毎日のように驚異的な歩数を刻んでいたことがわかります。

図2－2　『御手洗測量之図』

出典：伊能忠敬御手洗測量之図
資料提供：呉市

伊能忠敬の旅装

人間の歩行は服装からも大きな影響を受けますが、伊能忠敬は測量時にどのような服装で歩いたのでしょうか。複数の史料を手掛かりに、忠敬の旅装を復元してみましょう。

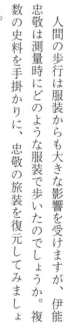

伊能測量隊の測量の模様を描いた絵画として、文化三（一八〇六）年の第五次測量で瀬戸内海に浮かぶ大崎下島を測量した際の『御手洗測量之図』（図2－2）という絵巻が残されています。伊能忠敬と思しき人物が描かれている部分を拡大してみましょう。絵画の中に「黒陣笠御召被遊候、是か伊能勘解由様也[38]」という説明書きが添えられていることから、拡大図の測量器具を覗いている二人のうち、手前で黒い陣笠を被っている人物が伊能忠敬だと特定できます。

絵画を見ると、伊能忠敬は丈の長い羽織を身にまとい、笠を被り、野袴ないしは股引を履き、脚絆を装着していた風貌までは判明しますが、細部まではわかりません。そこで、忠敬を描いたものではありませんが、近世後期の測量時の服装が忠実に描写されている葛飾北斎の『地方測量之図』（図2－3）を見てみましょう。立って記録を取っている人物は、草鞋と脚絆を履いて足回りを固定し、着物で歩幅が制限されないように、股引を装着して下肢の可動域を確保しています。

足もとに目を向けると、素足ではなく足袋の上に草鞋を履いていることがわかります。この草鞋と足袋のセットは、大きな効能を生み出しました。草鞋は踵が台座に固定されていて容易に脱げることはありませんでしたが、素足で履くと草鞋の紐が擦れて足を痛める危険性を孕んでいました。そのため、足袋の着用は足を保護する役割も果たしたのです。

図２－３　近世後期の測量風景

出典：葛飾北斎『地方測量之図』1848、国立国会図書館蔵

ところで、伊能忠敬は刀を差した状態で歩測をしたのでしょうか。当時の武士が登城する際に身につけた本差しの長さは刃渡り七〇cm程度でしたが、その平均的な重量は一・五kgに及んだと言われています。また、脇差しは刃渡り三〇cm程度、重さは五〇〇gほどでした。忠敬は苗字帯刀を許された立場でしたが、もし忠敬が大小二本の刀を差して歩いていたなら、合わせて約二kgもの物体を片方（左側）の腰に下げたアンバランスな体勢となり、正確な歩測を困難にしていたはずです。

先に見た『御手洗測量之図』を見ると、伊能忠敬が帯刀したのは一本の脇差しだけのようにも見えます。一般庶民も旅の道中では脇差し一本の携帯を許されていたので[39]、伊能忠敬も脇差しのみを帯刀して歩いていたなら、庶民の旅人と条件は同じです。ただし、忠敬の第一次測量は歩測でしたから、均等な歩幅で長距離を歩き続けるにあたって、脇差しの帯刀が繊細なバランスにどのように影響したのか、なおも疑問は残ります。

文化七（一八一〇）年刊行の『旅行用心集』に、旅の心得として「道中ざしの大小ハ、軽く短きを差すへし[40]」と記されたように、この時期の旅人が帯刀したのはあくまで小刀でした。一説によると、伊能測量隊では測量に悪影響を与えるものを極力排除し、羅針盤に影響を与えないように金属の刀ではなく竹光（竹を削った刀）を帯刀したと言われています[41]。伊能忠敬が第一次測量時に腰に差したのがこのタイプの刀だったなら、ほとんど歩測の妨げにはならなかったのかもしれません。

測量時の旅装については、文献史料にも手掛かりがあります。文化五（一八〇八）年の第六次測量で四国を訪れた際、伊能測量隊に参加した柴山傳左衛門が『伊能測量隊員旅中日記』という旅日記を書いています。傳左衛門が江戸の浅草を出発した正月二五日の旅装は、「自分着服羽織半てん股引也[42]」と記され、羽織、半纏、股引を着用していたことがわかります。前述した伊能忠敬のいで立ちとほぼ同じです。

このように、わずかな手掛かりから探ってみると、第一次測量時の伊能忠敬は、長距離の歩測作業に適う、歩きやすさを念頭に置いた旅装で測量に臨んだと考えてよいでしょう。

4　自然環境が伊能忠敬の歩行に及ぼした影響

人間の行動は、常に環境による規制を受けています。歴史も環境のもとに織りなされていますので、環境を知らなければ過去の人びと行動を理解することはできません。[43] 以下では、伊能忠敬の歩行に影響を与えた環境要因のうち、難所、天候、気温という三つの自然環境を取り上げ、忠敬が時に自然に抗い、時に自然と調和しながら歩いていた実情を見ていきましょう。

難所を歩く

第一次測量では、難所に遭遇することも少なくありませんでした。特に蝦夷地の測量中には、難所が目立ったようです。『測量日記』の記述から、「大難所」「難所」「難し」といった難所を示す文言を拾って作成した**表2－8**を通して、伊能忠敬が何をもって難所と認識していたのかを見ていきましょう。

蝦夷地では海辺の測量が続きましたが、海岸沿いは歩きにくかったようです。「砂和ニして歩行難し」（六月一九日）、「砂地歩ミ難し」（六月二一日）といった記述は、浜辺の砂地が歩測を難しくしていたことを物語っています。また、典型的な難所が道の勾配です。「山坂おほく難所なり」（七月四日）と通常の勾配だけならまだよいのですが、「霧深海辺三里程行テ新道峠ニかゝる大難所なり」（六月一

表2－8　伊能忠敬の難所の記録

日付	移動区間	歩行距離（km）	難所を示す記述
6月10日	長万部〜礼文華	28・1	「霧深海辺三里程行テ新道峠ニかゝる大難所なり」
6月13日	礼文華〜虻田	20・5	「此行路山越大難所海邊も入交」
6月19日	幌別〜白老	27・5	「海辺二里弱砂和ニして歩行難し」
6月21日	白老〜勇仏	33・7	「海辺一里半程砂地歩ミ難し」
7月2日	様似〜幌泉	27・3	「海岸砂小石交リ又ハ大石を積ニ似タル道ニて行路難し、又海岸ニ高ク尖たる大岩を上下する所あり甚危し、又汐間を見て走る所あり、案内ニ蝦夷人を連けれと、折ふし潮満て渡る事難く、或ハ汐ニ濡て三四町も立帰念佛坂と云る蝦夷人のミ往来せる嶮岨なる山越をなし」
7月4日	幌泉〜猿留	26・2	「山坂おほく難所なり」
7月14日	広尾〜ドウブイ	27・9	「此所昼夜蚊甚おほく難儀なる所なり、昼も蚊帳なくしてハ凌ぎ難し」
8月14日	昆布森〜釧路	15・6	「汐干ニ付海岸を通る、難所なり」
8月21日	広尾〜猿留	22・1	「往路と歸路追分より道を異ニし、海岸よりサルゝへ入りしゆへ難所なり」

出典：伊能忠敬「蝦夷干役志　測量日記之内　三」千葉県企画部広報県民課『伊能忠敬測量日記一　千葉縣史料　近世篇』千葉県、一九八八、二六―七〇頁より作成

○日）、「此行路山越大難所海邊も入交」（六月一三日）などのように、峠と海辺の砂地が複合的に出現するケースは難儀を極めたことでしょう。

蝦夷地の難所は、足が接地する路面の状態やその勾配だけではなく、空間にも存在していました。広尾～ドウブイ間では、「此所昼夜蚊甚おほく難儀なる所なり、昼も蚊帳なくしてハ凌ぎ難し」（七月一四日）と記され、このエリアでは蚊が大量発生して昼も蚊帳の中で休憩を取ったようです。八月一九日には再び同じ地域を歩きドウブイに宿泊しましたが、『測量日記』には「冷気なれハ蚊ハ一切なし」[44]と記されています。幸いにも、夜間は気温が下がり蚊は発生しなかったようですが、忠敬が蚊の発生を気にかけていた様子がよくわかります。

蝦夷地測量の最難関エリアは、七月二日に様似～幌泉間を歩測した時に出現しました。『測量日記』の記述は比較的淡々としたものが多いのですが、この時ばかりは、長文で難所の詳細が書き綴られました。この地域の海岸は大小の石が混ざった砂地で、時には尖った大岩を乗り越えながら歩きました。また、潮の流れが強い危険な場所は、波間を見計らって潮が引いたタイミングで走って渡る予定でしたが、結局は満潮で渡れなくなり、現地人の案内でずぶ濡れになりながら来た道を引き返して、険しい山道を越えたそうです。

稀に見る難所が連続的に出現するエリアを歩き続けたため、忠敬が準備した草鞋は次々と破損してしまいました。その模様は、「終日難所草鞋も悉切レ破レ素足ニなり甚困窮」[45]という一文から知ることができます。この日は一三時間以上をかけて歩き、宿舎に着いたのは、第一次測量で最も遅い五ツ時（20：45～21：31）でした。

驚くべきは、ここで示したような難所に遭遇した日であっても、一定の距離を歩いていることです。伊能忠敬は、行く先々で出現する各種の環境にも対応できるハイレベルな歩行能力を持っていたと考えてよいでしょう。

天候による影響

道中の天候は、伊能忠敬の歩測に影響を及ぼすことがあったのでしょうか。『測量日記』には、天候に関わる記述がほぼ毎日登場します。「晴」「曇」「雨」といった単純な表記にとどまらず、例えば以下のように、時系列で天候の推移を詳しく記録した文面も散見され、忠敬が各地の空模様の変化を絶えず気にかけていた様子が見て取れます。

〈閏四月二一日〉「朝曇天　四ツ頃ゟ少晴　九ツ半頃ゟ又曇ル　八ツ半小雨　七ツ頃ゟ小雨　夜ハ大雨[46]」

〈五月二六日〉「朝五ツ後迄晴　九ツ後迄小雨　七ツ後ゟ曇ル　暮ヨリ五ツ頃迄小雨　夫ゟ中雨南風なり[47]」

〈一〇月一九日〉「朝七ツ前ゟ雨　七ツ半ニ至ル　七ツ半後ゟ雨止　五ツ後晴[48]」

しかし、伊能忠敬にとって、天候の良し悪しは歩行距離に大きな影響を与える主な要因にはならなかったようです。『測量日記』の記録からは、第一次測量の全行程で天候が直接影響して歩行が著しく困難になった例はほとんど見られません。六月七日の記述として、「六日夜雨ニ而往先ノ川々水増歩行難渋を申候ニ付、逗留[49]」とあるように、前日の大雨で行き先の河川が増水したため逗留したという事例が僅かに見られる程度です。

むしろ、悪天候にも臆せず歩き続けている記述が目立ちます。例えば、閏四月二四日は「朝小雨 昼後ゟ大雨　夜も大雨[50]」と長時間の大雨に見舞われましたが、この日は五一・五㎞の長距離を歩いています。また、蝦夷地上陸後の八月二〇日は「大霜道路悉氷リ溜リ水ハ氷テ厚サ壱弐分（約三・六㎝—引用者注）ニ至ル、朝より中ニ而蒙気おほし夜も同[51]」とあり、路面凍結の悪条件下でも、一〇時間半以上をかけて二七・九㎞の距離をしっかりと歩き通しました。

伊能忠敬は、多少の悪天候には左右されずに一定のペースを崩さずに歩き続ける健脚と根気強さの持ち主だったと言えるでしょう。

気温の変化への対応

伊能忠敬は、蝦夷地では本州で経験したことのない寒暖差に悩まされています。表2－9は、蝦夷地滞在中の気温の変化に関わる記述を抽出し、当日の歩行距離と天候に関わる文面も併記したものです。

こうした記録が見られた時期は、二十四節気では大暑や立秋に相当します。新暦で言えば、七月中旬から八月上旬にあたる暑気の強い季節です。忠敬が滞在した時の蝦夷地では、日中は夏の暑さが感じられたものの、夜は寒かったと見え、忠敬は寒暖差に着物で対応しています。暑さが照り付ければ

表2－9　気温の変化への対応

日付	移動区間	歩行距離（km）	気温の変化への対応	天候の記述
5月27日	箱館に逗留中	―	「此日頗ル暑気、初テ単物を着、夜ハ又袷を着す」	「朝ゟ四ツ半頃迄曇天　夫ゟ晴天　夜も度々曇ル、南風」
6月8日	山越内～長万部	48・7	「此迄日数九日程朝夕単物を服、折ふし甚暑もあり」	「朝ゟ晴天　夜亦同」
6月9日	長万部に逗留中	―	「此日冷しく袷を服、逗留」	「朝曇り五ツ頃ゟ晴、午中太陽を測、夜ハ曇ル、ヤマセ風なり」
6月10日	長万部～礼文華	28・1	「此日五ツ後迄ハ冷ク袷ト襦半を服し四ツ後ゟものを用」	「朝五ツ後迄小雨　其後中晴　又七ツ後ゟ曇ル」
6月11日	礼文華に逗留中	―	「此迄暑気単物を服」	「ヤマセ風ニ而曇天、午中雲間ニ太陽を測ル」
6月13日	礼文華～虻田	20・5	「ヤマセ風ニ而冷ク袷を服したり」	「終日曇天」
6月16日	虻田～室蘭	37・0	「此節朝夕袷を服し或ハ襦半をも用」	「朝薄雲五ツ後ゟ晴天」

出典：伊能忠敬「蝦夷干役志　測量日記之内　三」千葉県企画部広報県民課『伊能忠敬測量日記一　千葉縣史料　近世篇』千葉県、一九八八、二六―七〇頁より作成

「単物」に着替えて薄着で暑気を逃がし、寒くなれば「袷」「襦半」を着込んで暖を取りました。このように、忠敬は、日中の暑さや朝晩の冷え込みを衣類で上手に調節するだけの用意周到さを持っていたため、気温の変化に巧みに対応しながら、長い距離を歩くことができたのでしょう。

歴史気候学の成果によれば、伊能忠敬が第一次測量をした寛政一二（一八〇〇）年は、地球規模で見れば小氷河期で、日本では「第三小氷期」に相当する寒冷な時代でした[52]。夏場とはいえ、忠敬が滞在した頃の蝦夷地では、「ヤマセ風」の影響もあって、朝晩はかなり冷え込んでいます。この年は、オホーツク海高気圧が優勢で、ヤマセも強く吹く傾向にありました[53]。

表に掲載した歩行距離と照らし合わせると、蝦夷地での寒暖差が伊能忠敬の歩行距離そのものに直接的な影響を与えることはなかったようですが、第一次測量がどのような環境下で行われたのかを知る貴重な情報となります。

5　伊能忠敬が出会った人びと

これまで述べてきたように、伊能忠敬は大地を一歩一歩、同じ歩幅で踏みしめて、できるだけ高精度な測量となるようにストイックな旅路を繰り返しました。

歩行が移動手段だった近世の観光旅行とは違って、忠敬の旅の目的は、歩いて日本を測ることでした。その測量は、まさに歩くことを物差しにして行われたわけですから、忠敬の第一次測量は「歩くために歩く」という旅だったと言えるでしょう。

しかし、伊能忠敬の旅は、ただ歩いて測量するだけの味気ない道中ではありませんでした。そこには、行く先々の人びととの触れ合いも見られたからです。

閏四月二三日は白河（現在の福島県白河市）に宿泊していますが、ここで偶然の出会いがありました。この日泊った因幡屋茂兵衛の主人は、『測量日記』に「此主ハ下総佐原ニ而丸屋伊右衛門と云もの〆酒屋をかり丸屋清吉と云て酒造せし人なり[54]」と記されているように、忠敬の出身地の佐原でかつて酒造業を営んでいた人物だったのです。この晩は酒食でもてなされ、忠敬は宿屋の女房に二朱銀を一枚与えています。

五月六日にも宿屋でのエピソードがありました。奥州街道を測量する途中、交通の要衝として栄えた三ノ戸宿（現在の青森県三戸町）に差し掛かった際、「三ノ戸宿、山辺源兵衛と帰府の節の止宿を約ス[55]」とあるように、宿屋の主人とのやり取りの中で帰路の宿泊予約を取っています。実際に、九月二七日には、「三ノ戸江九ツ着、山邊源兵衛方止宿[56]」とあり、その約束は果たされました。

伊能忠敬の弟子である探検家の間宮林蔵[57]とも、第一次測量中の蝦夷地で初めて出会ったとされています。六月一日に「大野村より少し先ニ一ノ渡リ村有り、村上嶋之丞殿在宅ニ付見舞[58]」、同じく帰路の九月一〇日にも「一ノ渡リ村上嶋之丞殿へ立寄[59]」と記録されたように、一の渡村に滞在していた村上島之丞を複数回訪問します。島之丞は名のある測量家で、二〇代だった間宮林蔵を連れて前年から蝦夷地に入り、測量や開発を行っていました。

この時、忠敬と林蔵との間にどの程度の交流があったのか定かではありません。しかし、後年、文化八（一八一一）年の第八次測量の出発直前に忠敬が林蔵に宛てた惜別の言葉には、「寛政庚申の歳、余も亦命を稟けて蝦夷地を測り、中路に倫宗と相見る。是より相親むこと師父の如し[60]」とあり、蝦夷地での出会いをきっかけに親交が芽生えたことを追認しています。第八次測量の出発日に見送りに訪れた人びとの中には、間宮林蔵の名前がありました(61)。

こうした有縁の人びととの関わり合いが、ともすれば殺風景になりがちな歩測の日々に彩りを加え、活力を与える原動力になっていたのかもしれません。

〈注記および引用・参考文献〉

（1）伊能忠敬は寛政一二（一八〇〇）年から文化一三（一八一六）年の一七年間で行った全国測量で、多くの地図を作成しました。『大日本沿海輿地全図』は、それらの「伊能図」を最終的な完成図として新たにまとめ上げ、測量のデータ集である『大日本沿海実測録』とあわせて文政四（一八二一）年に幕府に上呈したものです。『大日本沿海輿地全図』は、「大図」「中図」「小図」で一セットを構成します。「大図」は縮尺が三万六〇〇〇分の一で、全二一四枚を連ねて全国をカバーする巨大地図です。同じく「中図」は縮尺が二一万六〇〇〇分の一で全八枚、「小図」は縮尺が四三万二〇〇〇分の一で全三枚で全国図を形成します。忠敬は、幕府へ提出する以前の文政元（一八一八）年に没し、完成版の地図は関係者の手で仕上げられました。

（2）織田武雄『地図の歴史――世界篇・日本篇――』講談社、二〇一八、二八一頁

（3）渡辺一郎『伊能忠敬の歩いた日本』筑摩書房、一九九九、三〇頁

（4）大谷亮吉編著『伊能忠敬』岩波書店、一九一七、四八頁

（5）佐久間達夫「伊能忠敬、関西旅行の旅先で方位や緯度測定」『伊能忠敬研究』五七号、二〇〇九、三二―三七頁

（6）渡辺一郎『伊能忠敬の日本地図』河出書房新社、二〇二一、八六頁

（7）保柳睦美「伊能忠敬の全国測量の概要と陰の功労者」保柳睦美編著『伊能忠敬の科学的業績（訂正版）』古今書院、一九八〇、四六―四七頁
（8）大谷編著、前掲書
（9）保柳睦美編著『伊能忠敬の科学的業績（訂正版）』古今書院、一九八〇
（10）小島一仁『伊能忠敬』三省堂、一九七八
（11）渡辺『伊能忠敬の歩いた日本』／渡辺一郎編著『伊能忠敬測量隊』小学館、二〇〇三／渡辺『伊能忠敬の日本地図』
（12）佐久間達夫『新説　伊能忠敬　伊能忠敬測量日記　別巻』大空社、一九九八
（13）『伊能忠敬研究』は、伊能忠敬研究会によって平成七（一九九五）年から現在まで、年三回発行されている会誌です。
（14）ただし、第一次測量を最後にまったく歩測に頼らなくなったわけではありません。第二次測量までは、所々、測量器具が使えないような場所では歩測を用いています。例えば、第二次測量の四月二一日には「由比浜より鶴ケ丘八幡宮迄脚間を以測量し、それより無測量にて参詣」（伊能忠敬「享和元辛酉歳　沿海日記　完」佐久間達夫校訂『伊能忠敬　測量日記　第一巻』大空社、一九九八、一五頁）と記述され、「脚間」（歩測）を用いていることがわかります。
（15）伊能忠敬「蝦夷干役志　測量日記之内　三」千葉県企画部広報県民課『伊能忠敬測量日記一　千葉縣史料　近世篇』千葉県、一九八八、二六―七〇頁
（16）同種の史料として、伊能忠敬が測量中に現地で書き留めた『忠敬先生日記』があります。これは、清書版の『測量日記』の原簿とも言える日記で、両者は同じ測量事業を対象としながら、記述内容の情報量には違いが見られます。特に、ここで取り上げる第一次測量については、『忠敬先生日記』の記述はごく簡単な内容に終始しているため、本章の基本史料としては『測量日記』が適していると考えました。

（17）保柳睦美「伊能忠敬の全国測量の概要と陰の功労者」保柳編著、前掲書、五二頁
（18）谷釜尋徳「近世後期の庶民の旅にみる歩行の実際」『スポーツ史研究』二〇号、二〇〇七、七頁
（19）『奥州紀行』には、道中で雇い上げた馬の駄賃が記録されていますが、その金額は馬一頭分に相当するため、妻のミチだけが馬に乗り、忠敬と従者は徒歩移動をしたと推測されています（前田幸子「奥州紀行を読む」『伊能忠敬研究』八三号、二〇一七、六頁）。
（20）大谷編著、前掲書、六六頁
（21）間縄とは、距離を測るための縄です。長さは六〇尺（約一八・一八m）で、一間ごとに目印が付けられていました。第一次測量は歩測で行われましたが、間縄の出番が一切なかったわけではありません。忠敬の測量は、距離の計測とともに、曲がり角で直線の方角を測りながら行われましたが、長さは歩測で計っていたものの、方位の測定には所々で間縄を用いています。
（22）高橋至時・間重富著、渋川景佑編『星学手簡　上』寛政一二年一一月一〇日付（写本）国立天文台データベースより
（23）岩田重男「第一回歩測実験について」『伊能忠敬研究』一〇号、一九九七、一〇頁
（24）大谷編著、前掲書、六六頁
（25）伊能忠敬による歩測の方法を記す史料はありませんが、目標を決め、ブロックを区切って歩数を数えたのではないかと推測されています（渡辺編著、前掲書、八六頁）。
（26）佐久間『新説　伊能忠敬　伊能忠敬測量日記　別巻』、一一七頁／佐久間達夫「新説・伊能忠敬」伊能忠敬記念館編『忠敬と伊能図』アワ・プランニング、一九九八、一四二頁
（27）佐久間達夫「伊能測量のデータの記録」伊能忠敬記念館編『忠敬と伊能図』アワ・プランニング、一九九八、一〇八頁
（28）保柳睦美「伊能忠敬による緯度1°の距離測定と新投影法の考案」保柳編著、前掲書、一二七頁

(29) 高橋至時・間重富著、渋川景佑編『星学手簡　上』寛政一二年一一月一〇日付（写本）国立天文台データベースより
(30) 伊能忠敬「蝦夷干役志　測量日記之内　三」、六五頁
(31) 石川知福「自然歩行に関する統計的研究」『労働科学研究』二巻三号、一九二五、五七五頁
(32) 片淵勝二「服装と歩行」『体育と競技』一四巻一一号、一九三五、一七―二六頁
(33) 片岡洵子「日本人の歩容」『日本人の事典』朝倉書店、二〇〇三、二四九頁
(34) 「歩幅の目安が知りたい」オムロンヘルスケア　ホームページ、二〇二二年三月二七日最終閲覧（https://www.faq.healthcare.omron.co.jp/faq/show/4195?category_id=411&site_domain=jp）。
(35) 今に残された伊能忠敬の着物の丈が一三五㎝なので、肖像画を参考に顔の長さを加えて一六〇㎝前後だと推定された例があります（編集部「伊能忠敬の一歩の長さ」『伊能忠敬研究』八号、一九九六、三頁）。
(36) 平本嘉助「骨からみた日本人身長の移り変わり」『月刊　考古学ジャーナル』一九七号、一九八一、二四―二八頁
(37) 厚生労働省健康局健康課栄養指導室『令和元年国民健康・栄養調査報告』厚生労働省、二〇二〇、一六八頁
(38) 渡辺孝雄「伊能忠敬の安芸国沿岸測量――『浦島測量之図』・『御手洗測量之図』と関連して――」『館報入船山』七号、呉市入船山記念館、一九九五、二二頁
(39) 神崎宣武『江戸の旅文化』岩波書店、二〇〇四、一三頁
(40) 八隅蘆庵『旅行用心集』須原屋茂兵衛伊八、一八一〇、二〇丁
(41) 渡辺編著、前掲書、二〇〇三、一四一頁／吉川英樹「伊能忠敬の偉業を通してみた計測の原点について」『Journal of Surface Analysis』一九巻二号、二〇一二、七五頁
(42) 安永純子「『伊能測量隊員旅中日記』（上）について」『愛媛県歴史文化博物館研究紀要』六号、二〇〇一、九〇頁

(43) 井上勲「日本史の環境」井上勲編『日本の時代史29　日本史の環境』吉川弘文館、二〇〇四、七頁
(44) 伊能忠敬「蝦夷干役志　測量日記之内　三」、四五頁
(45) 同上、三九頁
(46) 同上、二六頁
(47) 同上、三一頁
(48) 同上、五五頁
(49) 同上、三五頁
(50) 同上、二七頁
(51) 同上、四五頁
(52) 前島郁雄「歴史時代の気候復元――特に小氷期の気候について――」『地学雑誌』九三巻七号、一九八五、四一七頁
(53) 保柳睦美「伊能忠敬の全国測量の概要と陰の功労者」保柳睦美編著、前掲書、八四―八五頁
(54) 伊能忠敬「蝦夷干役志　測量日記之内　三」、二七頁
(55) 同上、二九頁
(56) 同上、五二頁
(57) 間宮林蔵（一七七五～一八四四）は、近世後期の探検家です。林蔵は通称で、本名は倫宗と言いました。常陸国の出身で、寛政二（一七九〇）年頃に江戸に出て、村上島之丞に師事して地理学を学びました。寛政一一（一七九九）年四月に村上島之丞の従者として蝦夷地に渡り、測量に従事します。文化五（一八〇八）年より、幕命で樺太（サハリン）を探検して樺太が離島であることを確認し、さらに樺太～アジア大陸間の海峡（後の間宮海峡）の様子も明らかにしました。（榎森進「間宮林蔵」丸山雍成・小風秀雄・中村尚史編『日本交通史辞典』吉川弘文館、二〇〇三、八三七―八三八頁）

(58) 伊能忠敬「蝦夷干役志　測量日記之内　三」、三四頁
(59) 同上、四八頁
(60) 伊能忠敬「贈間宮倫宗序」佐久間達夫編著『新説　伊能忠敬　伊能忠敬測量日記　別巻』大空社、一九九八、一〇五頁
(61) 伊能忠敬「辛未　壬申　測量日記」佐久間達夫校訂『伊能忠敬　測量日記　第四巻』大空社、一九九八、二九頁

第3章 吉田松陰
幕末を駆け抜けた志士の歩行事情

1　はじめに

幕末の思想家として有名な吉田松陰[1]は、旅に生きた人でした。嘉永三（一八五〇）年に長州藩から諸国遊歴を初めて許されて五年足らずの間に、北は青森、南は長崎まで歩き回っています。今もなお、人びとを引き付けてやまない吉田松陰の思想は、旅の道中での体験を通じて生み出されたと言っても過言ではありません。わずか三〇歳（数え年）で獄中で落命した松陰の青春時代は、旅に彩られていました。

吉田松陰による数々の旅の中でも特徴的だったのが、盟友の宮部鼎蔵[2]と江楮五郎[3]を連れ立って行われた東北遊歴です。嘉永四（一八五二）年一二月一四日から翌年四月五日までの一四〇日間、江戸を出立して水戸、白河、会津を歩き、新潟から佐渡島へと渡り、さらに日本海沿岸を北上して秋田、青森方面へと足を延ばし、太平洋側に回って盛岡、仙台、日光、足利を経由して江戸へ帰着しました。
この東北遊歴は、脱藩亡命の罪を犯してまで敢行された一大決心の真冬の旅でした。一四〇日間の大旅行を通じて、松陰は各地の知識人と交流し、日本の海防事情を調査していますが、その大それた行動を移動手段の側面から支えていたのが、彼の二本の脚です。吉田松陰は、東北遊歴の一部始終を『東北遊日記』(4)にまとめました。この日記には、毎日の旅程や行く先々で出会った人びと、見聞した事柄が淡々と記され、歩いた距離をほぼ忠実に再現できる情報が盛り込まれています。

本章では、この『東北遊日記』を主な拠り所に、吉田松陰の活発な行動を支えた歩行の側面に着目して、東北遊歴の旅の実際を描き出してみましょう。

これまで、吉田松陰をテーマに取り組まれた研究は数限りなく存在しますが、諸国遊歴を扱った主要な研究成果としては、妻木忠太の『吉田松陰の遊歴』(5)が知られています。本書は、吉田松陰が行った日本各地への旅について、松陰が執筆した日記や書簡の記録を丹念に拾い上げて時系列で書き記した労作です。

妻木の研究に続いて出版されたのが、諸根樟一の『吉田松陰　東北遊歴と其亡命考察』(6)です。本書では、東北遊歴をテーマにその足跡を忠実に辿る細やかな作業を通じて、松陰が旅の世界から何を学び、旅から得た経験を自らの主張や行動にどのように反映させていったのかが考察されています。

こうした先人の研究を踏まえ、奈良本辰也も松陰の東北遊歴を取り上げました。奈良本には『吉田松陰』(7)の著作もありますが、東北遊歴を中心に据えたものが『吉田松陰　東北遊日記』(8)です。同書の特徴は、奈良本自身が松陰の歩いた東北の地を巡り、亡命者としての旅立ちの背景や一四〇日間の旅程を詳細に著述したところにあります。

松陰の東北遊歴に特化した書物として、織田久の『嘉永五年東北――吉田松陰「東北遊日記」抄――』[9]も挙げられます。本書は、『東北遊日記』の記述をこまめに分析し、松陰が旅の道中で毎日どのように過ごしたのかを忠実に描き出すことに成功しています。

このように、吉田松陰研究において、東北遊歴は度々取り上げられてきたテーマの一つです。しかし、どの研究も松陰の旅を支えた身体運動の側面にはほとんど関心を示してきませんでした。諸根によると、四ヵ月に及ぶ大旅行の総移動距離はおよそ六七四里一八丁（約二六三〇・五km）、その内訳は徒歩移動がおよそ五四五里（約二一二五・五km）、河船に乗った距離がおよそ四七里一八丁（約一八五・二km）、海船での移動距離がおよそ八二里（約三一九・八km）だったそうです。[10]道中の移動の大半が徒歩だったことがわかりますが、東北遊歴は距離の長さだけではなく、真冬の豪雪地帯も含む過酷な旅でした。

いったい、吉田松陰はどのように歩いたのでしょうか。本章では、『東北遊日記』に基づき、歩行という側面から知られざる吉田松陰像に迫ってみましょう。

まず①吉田松陰が脱藩してまで東北遊歴に旅立った背景を探ります。次に②松陰が東北・北陸で歩いた距離の傾向を明らかにし、さらに③豪雪地帯をどのように歩いたのかを考察します。最後に④松陰が旅先で何を食べたのかを残された史料から浮かび上がらせてみましょう。

2　東北遊歴に至る背景

吉田松陰の生い立ちとその時代

吉田松陰は、文政一三（一八三〇）年八月四日、長州藩の萩城下の松本村（現在の山口県萩市）で、長州藩士の杉百合之助の次男として誕生しました。天保五（一八三四）年、叔父で山鹿流兵学師範の吉田大助の養子となり兵学を修めます。その翌年、松陰は六歳にして兵学師範の吉田家を継ぎ、叔父の熱心な教育を受けながら勉学に励みました。

九歳の時には明倫館（長州藩の藩校）の兵学師範に就任し、その秀才ぶりは藩内でもよく知られていました。弘化四（一八四七）年、一八歳で林真人より山鹿流軍学の免許皆伝を受け、翌年には独立して名実ともに藩の兵学師範となります。

吉田松陰は、欧米列強の足音が忍び寄る一九世紀半ばに若き日を過ごしました。アヘン戦争で強大な清国がイギリスにあっけなく敗れたことは、日本の識者たちを震撼させ、否応なしに海外に目を向けなければならない時代が到来します。世界の動向を知り、国内政治の不安定さを敏感に察知した学者たちは、自らの学問の価値を改めて問い質されていたのです。

藩に仕える兵学師範だった吉田松陰も例外ではありません。嘉永三（一八五〇）年、松陰は初めて萩を出て九州遊学に出掛け、平戸や長崎で文献を読み漁ってアヘン戦争の実情を知りました。江戸幕府が築いた泰平の世は間もなく終わりを迎え、これからは欧米列強の巨大戦艦や大砲に立ち向かうことになる現実を目の当たりにしたのです。

松陰は、兵学者としての自らの営みが「書斎の学問」にとどまっている矛盾に直面し、「現実の要請」に応える学問を志さなければならないという深刻な悩みを抱えるようになりました。(11) 悶々とした思いを抱える中、松陰は、嘉永四（一八五一）年三月に藩主に従って江戸に留学する機会を得ました。

江戸では、安積艮斎と古賀茶渓から儒学を、山鹿素水と佐久間象山から兵学を学びますが、特に西洋兵学者の佐久間象山に師事したことが松陰にとって一大転機となりました。松陰が嘉永四（一八五一）年に書き留めた『辛亥日記』には、「七月二十日　佐久間入門(12)」と記されています。佐久間象山は西洋流の砲術を講じましたが、砲術という凶器に関わる学問を単なる技芸として学ぶだけではなく、道徳に裏打ちされた信念も合わせて習得する必要があると考えていました。(13) こうして、松陰は象山のもとで兵学と経学（儒教の経典を研究する学問）に励み、さらに学識を深めていきます。

東北遊歴の機運と準備

東北遊歴は、親友の宮部鼎蔵による発案でした。『東北遊日記』の冒頭にも、「肥人宮部鼎蔵、東北遊を余に諮る。(14)」と記されています。宮部は、肥後国熊本藩から兵学修行のために江戸を訪れていて、松陰とは以前より兵学を通じた交流がありました。

世界の列強と伍していくために、西洋兵学者の佐久間象山の門を叩いた松陰でしたが、長州藩の兵学師範である自分は日本古来の兵法を説く立場にあり、その凝り固まった枠組みの中でしか動けないという矛盾を抱えていました。宮部が計画した東北や北陸地方への旅に松陰が二つ返事で快諾した背景には、そのような鬱憤を晴らし、殻を破ろうとする意味合いもあったのでしょう。

とはいえ、松陰には具体的な旅の目的がありました。以下、『東北遊日記』の記述です。

「東山・北陸は、土曠く山峻しくして、古より英雄割拠し、妖兇巣穴す。且つ東は満州に連なり、北は鄂羅に隣す。是れ最も経国の大計の関る所にして、宜しく古今の得失を観るべきものなり。而して余未だ其の地を経ず、深く以て恨みと為せり。(15)」

東北・北陸は、土地が広く急峻な山並みが多く、古来より英雄が割拠し、悪者の巣窟にもなってきました。西は満州に連なり、北はロシアに隣接しているため、東北は国家経営の大計に最も関わり、歴史的にも学ぶべき成功と失敗の蓄積があります。しかし、自分はこの土地を訪れたことがないので、この機会に旅をしたい、との目的を記しました。松陰が東北遊歴に旅立った理由は、ただ単に未踏の地というだけではなく、「世界の中の日本」を捉えようとする対外意識が強く働いていたのです。

旅の目的はほかにもありました。嘉永四（一八五一）年七月一六日付で、松陰が長州藩に届け出た「旅行願」には、文武が盛んな東北各地を周遊して名のある軍学者を訪問し、地域の風習を知ることで、自らの家業である山鹿流兵学の「流儀修練の一助」とするのが旅の狙いだと書かれています[16]。もちろん、これは藩から旅の許可を得るための打って付けの理由でもありましたが、松陰は旅行中に東北の兵学者のもとを頻繁に訪れているので、兵学の見識を深めることも大切な旅の目的だったと言えそうです。

吉田松陰が佐久間象山に入門したのが七月二〇日で、旅行願いの日付が七月一六日なので、象山から直接手ほどきを受けるよりも前に旅行の計画が練られたことがわかります。東北遊歴の旅は、少なくとも象山の影響を強く受けたことが発端ではなかったようです。

松陰の旅行願いは、七月二三日付の「旅行許可指令」をもって藩から許可が下りました[17]。次に解決すべき問題が旅費の調達です。旅費の工面にあたって松陰が頼ったのが、萩に在住の兄、杉梅太郎でした。嘉永四（一八五一）年九月二三日付で兄に宛てた書簡には、「奥羽行金の事宜敷御周旋奉頼候[18]」と記され、奥州行きの旅費の無心をしています。

同年九月二七日の書簡には、さらに詳しい旅費の算段を兄に綴りました。「金の事別封には此後被差越被遣候十両にて奥羽行相整可申様申上置候得共、能々相考会計仕候処、十両の金日別一朱宛遣ひ潰し候へば……[19]」との文面から、当初は道中の支出を一日一朱と見込んで、一〇両あれば事足りると考えていたことがわかります。しかし、再計算してみると、一〇両では足が出てしまう可能性が見えてきました。続く文面には、「一朱の銭、当地の相場にては三百九十文なり、旅中一日の費を計候処、宿料は三百文なれば余るべくか。昼遣は九十文にては足り兼申べく、是大抵の積りなり[20]。」とあります。松陰いわく一朱は奥羽地方の相場で三九〇文に相当し、一泊の宿泊代を三〇〇文で見積もると残額は九〇文ですが、昼食を含む雑費は一日九〇文では足りません。

書簡はさらに続きます。今回の東北遊歴は一三五日間を予定しているものの、とかく遊歴は日数が延長しがちなので、一三五日間分丁度では心許なく、余裕をもって一五～一六両は準備しておきたいと記されています。[21]兄に対して、送金してもらう旅費の増額を要求する手紙でした。日数に関しては、実際の東北遊歴は合計一四〇日間で終えていますので、松陰の算段は当てずっぽうではなく、かなり細かく旅行計画が練られていたと考えられます。

松陰の実家、杉家の生活は苦しく、父も兄も普段は畑仕事に精を出して暮らしを立てていましたが、そのような中で、兄の梅太郎は都合一三両という大金を松陰のために工面したのです。[22]そこには、故郷から弟の活躍を願って応援する兄の姿がありました。

亡命旅行の決行

こうして、着々と旅の準備が進みましたが、出発直前になって予期せぬ事態が発生します。長州藩から旅行の許可は得ていたものの、過書手形（通行手形）の発行が遅れていたのです。

嘉永四（一八五一）年一二月一二日付で兄に宛てた書簡には、「十二月十五日は赤穂義士志を遂げし日なり。吾れ宮部・安芸二子と東行発靱を約するに是の日を以てすること已に久し。十五日の前数日、過書の事起る。[23]」と記されています。同行者の宮部たちとは、赤穂浪士討入の日に因んで一二月一五日に出発する約束を交わしていましたが、約束の日が迫っても手形が届く気配はなかったようです。

これを受けて、松陰は長州藩に対して手形発行の遅れを抗議したものの、藩からは、「縦《たと》ひ百千の故事ありとも、公許を得るに非ざれば、断じて擅《ほしいまま》に允《ゆる》すべからず[24]」、つまり、いかなる理由があっても手形の発行を待たずに旅立つことは許されないという渋い回答が届きます。無手形の旅は脱藩の扱いになり、亡命者は重罪を犯したものと見なされました。それを承知の上で、松陰は嘉永四（一八五二）年一二月一五日、ついに無手形のまま東北遊歴に旅立ちます。松陰は『東北遊日記』の冒頭に、「辛亥十二月十四日　翳。巳時、桜田邸を亡命す[25]。」と明記しました。

奈良本によると、吉田松陰が手形の発行を待たずに亡命してまで旅立った理由は、「亡命の罪を背負うことによって、自己の学問の行きつまりを打開し、家学の伝統の重みに反逆すること[26]」だったそうです。松陰にとっての東北遊歴とは、来るべき新時代に向けて、自分自身の立ち位置を見定める意味合いもあったのでしょう。

脱藩の罪を犯したことを自覚していた松陰は、追っ手に捕まらないように最大限の警戒を払っています。江戸を出発した初日は、水戸街道の松戸宿で日が落ちて宿泊する頃合いを迎えましたが、松陰は松戸宿には泊まりませんでした。「追捕の或は及ばんことを恐れ、本郷村に至り、山に入ること二町許り、本福寺に投ず[27]。」とあるように、江戸からの追っ手を恐れて、松戸宿から少し山中に入ったところにある本福寺に宿泊します。しかも、「姓名を変じて長門の鄙人松野他三郎と曰ふ[28]。」と、偽名を使うほどの念の入れようです。

翌日も、水戸に行くには本街道を直行する方が早いところを、「余は水海道を過ぎんと欲す、故に左折して小路に入り……」[29]と記し、水海道経由で水戸へ向かう道筋に切り替え、脇道にそれるルートを選択しました。

このように、江戸出立から数日の間は、追っ手を逃れるための極めて慎重な行動が目立ちますが、以降は自らの二本の脚を頼りに、東北・北陸の地を歩き回る長い旅が続きます。

3　吉田松陰の歩行距離の傾向

ここでは、吉田松陰が東北遊歴の旅で歩いた距離の傾向を探ってみましょう。図3－1は東北遊歴のルートを地図上に復元したものです。

一日あたりの歩行距離

表3－1は、『東北遊日記』の一四〇日間の道中を分析し、吉田松陰の歩行の情報を一覧にしたものです。この内容をベースに歩行距離の傾向を表3－2に整理しました。『東北遊日記』には、松陰自らがその日の移動距離を記載しているケースも多く見られますが、その記述は「行程七里」「行程五里余」など、「里」の距離単位までにとどまり、より細かい「丁」の単位まで示されていることは

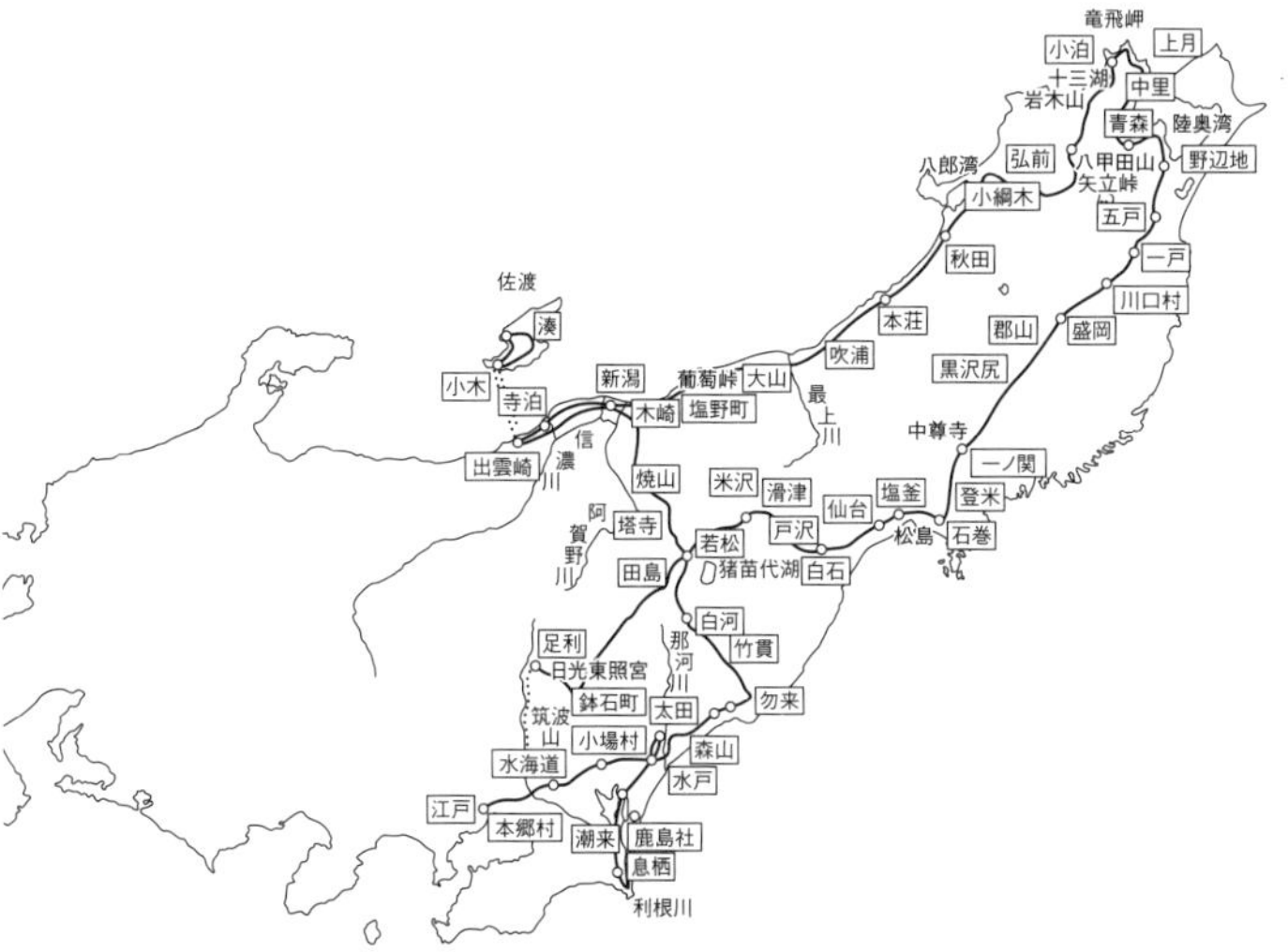

図３－１　東北遊歴の行程図

注：□内の地名は、『東北遊日記』に記載がある主な宿泊地及び滞留地。
——は陸行、……は舟行を示す。
出典：奈良本辰也『吉田松陰　東北遊日記』淡交社、1973、pp. 196-197より作成

稀です。そのため、本章で明らかにする吉田松陰の歩行距離はアバウトな内容を含み、実際の歩行距離とは多少の誤差が生じていた可能性を踏まえておく必要があります。

東北遊歴の総日数は一四〇日間でしたが、そのうち同じ場所に逗留した日数が五五日、移動した距離が不明な日数が八日で、歩行距離が計測できたのは合わせて七七日間でした。この七七日間をベースに全行程の傾向を計算すると、計測の対象とした総歩行距離は約二一四八・三km、一日平均の歩行距離は約二七・九kmです。歩行距離が最も短い日の値は三・九km、最長歩行距離は一日に約五二・六kmとなります。

数字だけを見ると、吉田松陰の平均歩

表3－1　吉田松陰の歩行距離の一覧

日付	出発地	宿泊地	歩行距離（km）
12月14日	江戸	本郷村	19・5
12月15日	本郷村	水海道	31・2
12月16日	水海道	筑波	27・3
12月17日	筑波	笠間	31・2
12月18日	逗留	逗留	―
12月19日	笠間	水戸	19・5
12月20日	逗留	逗留	―
12月21日	逗留	逗留	―
12月22日	逗留	逗留	―
12月23日	逗留	逗留	―
12月24日	逗留	逗留	―
12月25日	逗留	逗留	―
12月26日	逗留	逗留	―
12月27日	逗留	逗留	―
12月28日	逗留	逗留	―
12月29日	水戸	太田	23・4
1月1日	太田	小場	15・6
1月2日	小場	水戸	19・5
1月3日	逗留	逗留	―
1月4日	水戸	古奈地	23・4
1月5日	古奈地	鹿島	31・2
1月6日	鹿島	潮来	3・9
1月7日	潮来	松岸	3・9
1月8日	松岸	松岸	15・6
1月9日	松岸	息栖	―
1月10日	息栖	玉造	19・5
1月11日	玉造	水戸	31・2
1月12日	逗留	逗留	―
1月13日	逗留	逗留	―
1月14日	逗留	逗留	―
1月15日	逗留	逗留	―
1月16日	逗留	逗留	―
1月17日	逗留	逗留	―
1月18日	逗留	逗留	―
1月19日	逗留	逗留	―
1月20日	水戸	森山	23・4
1月21日	森山	手綱	27・3
1月22日	手綱	磯原	7・8
1月23日	磯原	上田	15・6
1月24日	上田	高貫	35・1
1月25日	高貫	白川	39・0
1月26日	逗留	逗留	―
1月27日	逗留	逗留	―
1月28日	白川	勢至堂	27・3
1月29日	勢至堂	若松	35・1
1月30日	逗留	逗留	―
2月1日	逗留	逗留	―
2月2日	逗留	逗留	―
2月3日	逗留	逗留	―
2月4日	若松	若松	3・9
2月5日	逗留	逗留	―
2月6日	若松	塔寺	14・3
2月7日	塔寺	焼山	31・2
2月8日	焼山	綱木	23・4
2月9日	綱木	木崎	33・1
2月10日	木崎	新潟	―
2月11日	逗留	逗留	―
2月12日	新潟	中川	―
2月13日	逗留	逗留	―
2月14日	中川	岩室	27・3
2月15日	岩室	出雲崎	31・2
2月16日	逗留	逗留	―
2月17日	逗留	逗留	―
2月18日	逗留	逗留	―
2月19日	逗留	逗留	―
2月20日	逗留	逗留	―
2月21日	逗留	逗留	―
2月22日	出雲崎	出雲崎	―
2月23日	逗留	逗留	―
2月24日	逗留	逗留	―

2月25日	逗留	逗留	—
2月26日	逗留	逗留	—
2月27日	出雲崎	小木港	—
2月28日	小木港	相川	35・9
2月29日	逗留	逗留	—
2月30日	逗留	逗留	—
閏2月1日	相川	春日崎	5・8
閏2月2日	春日崎	湊	27・3
閏2月3日	湊	小木	39・0
閏2月4日	小木	出雲崎	—
閏2月5日	逗留	逗留	—
閏2月6日	逗留	逗留	—
閏2月7日	出雲崎	出雲崎	—
閏2月8日	逗留	逗留	—
閏2月9日	逗留	逗留	—
閏2月10日	出雲崎	寺泊	15・6
閏2月11日	寺泊	新潟	46・8
閏2月12日	逗留	逗留	—
閏2月13日	逗留	逗留	—
閏2月14日	逗留	逗留	—
閏2月15日	逗留	逗留	—
閏2月16日	逗留	逗留	—
閏2月17日	逗留	逗留	—
閏2月18日	新潟	藤塚	16・4
閏2月19日	藤塚	塩町	42・9
閏2月20日	塩町	大川	29・2
閏2月21日	大川	大山	42・9
閏2月22日	大山	吹浦	46・8
閏2月23日	吹浦	本庄	52・6
閏2月24日	本庄	久保田	42・9
閏2月25日	逗留	逗留	—
閏2月26日	久保田	鹿渡	15・6
閏2月27日	鹿渡	小綱木	11・7
閏2月28日	小綱木	大館	42・9
閏2月29日	大館	弘前	35・1
3月1日	逗留	逗留	—
3月2日	弘前	藤崎	3・9
3月3日	藤崎	中里	42・9
3月4日	中里	小泊	27・3
3月5日	小泊	上月	31・2
3月6日	上月	二矢	17・5
3月7日	二矢	野辺地	39・0
3月8日	野辺地	五戸	35・1
3月9日	五戸	一戸	27・3
3月10日	一戸	川口	23・4
3月11日	川口	石丁	11・7
3月12日	石丁	郡山	19・5
3月13日	郡山	黒沢尻	35・1
3月14日	黒沢尻	一関	50・7
3月15日	一関	登米	42・9
3月16日	登米	石巻	32・5
3月17日	石巻	塩竈	29・2
3月18日	塩竈	仙台	17・5
3月19日	逗留	逗留	—
3月20日	逗留	逗留	—
3月21日	仙台	中田	6・0
3月22日	中田	白石	42・9
3月23日	白石	戸沢	15・6
3月24日	戸沢	滑津	19・5
3月25日	滑津	荒町	42・9
3月26日	逗留	逗留	—
3月27日	荒町	大潮	35・1
3月28日	大潮	若松	25・3
3月29日	若松	田島	42・9
3月30日	田島	高原	42・9
4月1日	高原	鉢石	42・9
4月2日	鉢石	栃木	46・8
4月3日	栃木	足利	35・1
4月4日	足利	関(船中泊)	23・4
4月5日	関	江戸	—

出典：吉田松陰「東北遊日記」吉田常吉・藤田省三・西田太一郎校注『日本思想体系五四　吉田松陰』岩波書店、一九七八、四四六—五三四頁より作成

表３－２　吉田松陰の歩行距離の傾向

日数（日）				歩行距離（km）				歩行距離別の日数（日）					
総日数	計測日数	距離不明	逗留	総距離	平均	最長	最短	一桁台	10km台	20km台	30km台	40km台	50km台
140	77	8	55	2148.3	27.9	52.6	3.9	7	18	16	20	14	2

出典：吉田松陰「東北遊日記」吉田常吉・藤田省三・西田太一郎校注『日本思想大系54　吉田松陰』岩波書店、1978、p. 446-534より作成

行距離は三〇km台を割り込み、近世に伊勢参宮をした旅人よりも歩く距離は短かったようにも思えます。ただし、松陰の歩いたエリアには豪雪地帯が多く含まれていたので、単純な数値の比較をもって歩行能力の優劣を判断することはできません。むしろ、足を取られる雪道を含めて一定のペースで歩いたこと自体、松陰の健脚を証明する材料にもなります。

次に、吉田松陰が歩んだ毎日の距離を一〇km単位で区切って日数をカウントすると、一桁の日が七日、一〇km台が一八日、二〇km台が一六日、三〇km台が二〇日、四〇km台が一四日、五〇km台が二日となります。距離別に見ると、松陰の歩行距離は、一〇～四〇km台まで満遍なく分布していました。状況に応じて歩く距離を臨機応変に調節していたのでしょうか。

日数の経過と歩行距離の関係

表３－３は、吉田松陰の東北遊歴の道中を一〇日単位で区切り、一〇日毎の平均歩行距離の推移を示したものです。

時系列で平均を取ってみると、吉田松陰の歩行距離は、序盤は若干抑え目ではあるものの、中盤の「六一～七〇日目」から終盤にかけては三〇km以上を歩く日が増えていきました。日数を重ねるごとに疲労が蓄積していったこ

とを思えば、旅の後半以降に長い距離を歩く傾向に転じた松陰は、健脚の持ち主だったと考えることができます。前述したように、松陰は一三五日間で東北遊歴を終えて江戸に帰ってくる計画を立てていたので、大幅な日数超過を恐れて終盤にペースを上げ、何とか一四〇日間で収めたというのが実情ではないでしょうか。

驚くべきは、積雪の多いエリアを歩くペースです。松陰が深い雪道を歩いたのは、概ね二月上旬から閏二月下旬あたりまでです。表3－3の日数で言えば、「五一～六〇日目」から「一〇一～一一〇日目」頃までが該当しますが、このエリアでも歩行のペースはまったく落ちていません。むしろ、全行程の中で見るとハイペースの部類に入ります。

もっとも、この期間の行程がすべて積雪の路面だったわけではなく、雪の心配が少ない時には長距離を歩く傾向にありました。九七～一〇〇日目にかけて、四二・九km（閏二月二一日）、四六・八km（閏二月二二日）、五二・六km（閏二月二三日）、四二・九km（閏二月二四日）と、四日連続で一〇里（約三九km）

表3－3　10日毎の平均歩行距離

日数の経過（計測日数）	平均歩行距離（km）
1～10日目（5日）	25.7
11～20日目（4日）	20.4
21～30日目（6日）	17.6
31～40日目（5日）	21.8
41～50日目（4日）	26.3
51～60日目（5日）	25.9
61～70日目（1日）	31.2
71～80日目（4日）	27.0
81～90日目（2日）	31.2
91～100日目（7日）	39.1
101～110日目（8日）	26.3
111～120日目（10日）	30.2
121～130日目（8日）	25.8
131～140日目（8日）	36.8

出典：吉田松陰「東北遊日記」吉田常吉・藤田省三・西田太一郎校注『日本思想大系54　吉田松陰』岩波書店、1978、pp. 446–534より作成

をゆうに超える距離を歩き続けたのは圧巻です。同じく、最終盤の一三四〜一三七日目には、四二・九km（三月二九日）、四二・九km（三月三〇日）、四二・九km（四月一日）、四六・八km（四月二日）と、またしても四日続けて一〇里超えを連発しています。

松陰にとって、一日に四〇〜五〇km程度の距離は、必要に応じていつでも歩ける範囲だったのでしょう。このように、平均値（二七・九km）こそ高くはなかったものの、日々の歩行距離を時系列で見ていくと、吉田松陰がいかに高い歩行能力を持っていたのかがよくわかります。

『東遊日記』に見る江戸遊学の旅の歩行距離

ここでは、吉田松陰が行った東北遊歴以外の旅を引き合いに出して、歩行距離の傾向を対比してみましょう。

松陰は二二歳の時、江戸遊学の藩命を受け、初めて東遊を経験しました。藩主の参勤交代に随行して、嘉永四（一八五一）年三月五日から四月九日にかけて萩〜江戸間を旅します。[30] この旅の模様を記録したものが『東遊日記』[31]です。毎日の歩行は、参勤交代の移動のペースと歩調を合わせたものですが、吉田松陰の長距離歩行を示すひとつの事例として取り上げます。

松陰は旅行中、萩在住の家族に宛てて手紙を出しています。嘉永四（一八五一）年三月二一日付で旅先の伏見から発出した書簡には、「初五発程已来《いらい》足痛も余り病不申、竹笨車《ちくほんしゃ》に乗り候事僅かに両度耳《のみ》に御座候。[32]」との文面をしたためました。三月五日に萩を出発して以来、足の痛みもなく、「竹笨車」（竹製の粗末な駕籠）に乗ったのは僅かに二回だけだと書いています。旅行中、松陰は基本的には徒歩で移動していたと想像できますが、その歩行距離を『東遊日記』に基づいて整理したものが表3－4です。

萩～江戸間の道中に、合計三四日間を費やしました。海上移動も含め、歩行距離が不明な日数が四日間あるので、計測日数は三〇日間です。松陰は一日平均で三〇・五km、最も長い日には四七・九km

表3－4　『東遊日記』に見る吉田松陰の歩行距離の一覧

日付	出発地	宿泊地	歩行距離（km）
3月5日	萩城	山口	23.4
3月6日	山口	三田尻	30.3
3月7日	三田尻	花岡	27.3
3月8日	花岡	高森	18.3
3月9日	高森	玖波	27.3
3月10日	玖波	海田	—
3月11日	海田	廿日市	21.4
3月12日	廿日市	尾道	35.1
3月13日	尾道	矢掛	47.9
3月14日	矢掛	岡山	32.5
3月15日	岡山	三石	35.1
3月16日	三石	姫路	39.0
3月17日	姫路	大蔵谷	31.2
3月18日	大蔵谷	西宮	42.9
3月19日	西宮	郡山	23.4
3月20日	郡山	伏見	23.4
3月21日	逗留	逗留	—
3月22日	伏見	石部	39.0
3月23日	逗留	逗留	—
3月24日	石部	関	39.5
3月25日	関	桑名	39.8
3月26日	桑名	宮	—
3月27日	宮	岡崎	31.8
3月28日	岡崎	吉田	26.5
3月29日	吉田	浜松	29.2
4月1日	浜松	掛川	31.4
4月2日	掛川	藤枝	23.8
4月3日	藤枝	江尻	30.6
4月4日	江尻	吉原	28.1
4月5日	吉原	三島	24.0
4月6日	三島	小田原	31.2
4月7日	小田原	藤沢	32.1
4月8日	藤沢	川崎	31.2
4月9日	川崎	江戸桜田藩邸	17.5

出典：吉田松陰「東遊日記」山口県教育会編『吉田松陰全集　第10巻』岩波書店、1939、pp. 127–144より作成

を歩いています。距離別の歩行距離の内訳は、一桁の日がなく、一〇km台が二日、二〇km台が一一日、三〇km台が一五日、四〇km台が二日です。東北遊歴よりも平均値こそ長いものの、全体で見れば歩いた距離は二〇～三〇kmに集中し、決してハイペースではありませんでした。

萩～江戸間は、国内きっての大動脈、東海道経由の旅でしたので、路面も整備され、急峻な山道も少なく、時期的に積雪はありません。一方、東北遊歴の旅路は傾斜のある難路が多く、しかも所々雪道を歩く旅でした。歩行という側面から見れば、東北遊歴の方がはるかに難易度の高い旅だったと言えそうです。

4 吉田松陰を苦しめた雪国の難路

難所の歩行

『東北遊日記』からは、吉田松陰が直面した難所の記述を拾うことができます。

例えば、閏二月三日は佐渡島の湊～小木間で、「大風、或は霰、或は雹。道路泥濘にして行歩頗る困しむ。(33)」と記し、強風、霰《あられ》、雹《ひょう》に悩まされ、ぬかるんだ路面の歩行にも難渋したようです。また、閏二月二四日は本庄～久保田間で、「新潟よりここに至るまで、大抵海浜平沙、漫々浩々として行歩頗る困しむ。(34)」とあり、海辺の砂浜を歩き続けることに苦労しました。滑津～荒町間を歩いた三月二五日は、「嶺甚だ峻絶、嶺尽きて平地を得(35)」と記されたように、峠の山道を歩いた様子がうかがえます。

しかし、難所に遭遇しながらも、松陰はハイペースで歩き続けました。閏二月三日は三九・〇km、閏二月二四日は四二・九km、三月二五日は四二・九kmと、いずれも一〇里（三九km）以上の距離を歩く逞しさです。

雪道の歩行

吉田松陰の東北遊歴で特徴的なのは、積雪の多い時期に豪雪地帯を歩いたことです。

雪道の歩行にあたって、松陰は旅行先でも情報収集を怠りませんでした。佐渡島に渡る前の出雲崎の逗留中には、「里中に募めて北越雪譜・北越奇談・昔話質屋庫・常山紀談・九州軍記・理斎随筆・教草等の数書を得、ここに於て始めて閑を慰むるを得たり。[36]」とあります。書店で数冊の本を購入し、読書にふけっていたようです。

特に、越後魚沼の商人が雪国の生活模様を描いた『北越雪譜』は、豪雪地帯を旅するうえでの心得が満載の書物でした。同書の「雪道」の項には雪中の旅の困難さが記されています。

「冬の雪は脆なるゆゑ人の蹈固たる跡をゆくはやすけれど、往来の旅人一宿の夜大雪降ばふみかためたる一条の雪道　雪に埋り途をうしなふゆゑ、郊原にいたりては方位をわかちがたし。此時は里人幾十人を傭ひ、橇　縋にて道を蹈開せ跡に随て行也。此　費幾緡の銭を費すゆゑ貧しき旅人は人の道をひらかすを待て空く時を移もあり。(37)」

この地方の冬の雪は、他人が踏み固めた状態なら比較的歩きやすいものの、夜のうちに大雪が降れば、朝には街道は雪に埋もれ、方角もわからない状態となります。その場合、現地でたくさんの人足を雇って「檋《かんじき》」や「縋《すかり》」で雪踏みをして道を固めてもらう方法もありますが、大金を要するため、経済的に余裕のない旅人は通行人の往来で路面が固まるのを待たねばならず、足止めを食うこともあるそうです。おそらく、『北越雪譜』を読んだ松陰の頭の中には、こうした心得がインプットされていたことでしょう。

文化七(一八一〇)年刊行の『旅行用心集』にも、「寒國」の実情が、「公用の人ハ雪踏人足を召て先々を案内さすれども　唯の旅人はそれもならず　道問ふへき人も稀なり　終に道を見うしなひて本道に出ることあたはずして迷ふ人まゝあ里(38)」と記されています。旅人にとって、豪雪地帯は道に迷って命を落とす可能性のある危険なエリアだったのです。

実際、豪雪地帯に差し掛かった松陰は、積雪と対峙した旨を日記に書いています。表3-5は、松陰の難所意識を知るために、雪国に入って積雪に苦しんだ記述を抽出し、当日の歩行距離も併記したものです。文面を見ると、とにかく雪が深かったようで、閏二月一九日には「四尺」(約一二〇㎝)、三月五日には「二三尺」(約六〇~九〇㎝)の積雪の中を歩きました。積雪が歩行を困難にしたことは、「行歩甚だ難む」「行くこと艱む」「困苦太甚」などの記述からも知ることができます。

閏二月二〇日、難所として知られた葡萄峠付近では、「大雪もて道梗がれ、未だ行踪あらず、漫として行くべからず。人の行くを待つこと之れを久しうして、而も遂に一人の過ぐる者なし。因つて一夫を雇ひ葡萄駅に至る。」と記され、大雪で立ち往生したため現地のガイドを雇っています。しかし、この日の疲労感は尋常ではなかったようです。「是の日、行程僅か七里半のみ、而れども雪深く路険

表3－5　吉田松陰の難所意識

日付	移動区間	歩行距離（km）	難所を示す記述
2月7日	塔寺～焼山	31・2	「雪甚だ深く、行歩甚だ難む」
2月8日	焼山～綱木	23・4	「山勢峻嶮にして、積雪の間之れを過ぐれば往々死傷を致すと。」「津川・行地の間に諏訪嶺あり、雪深く路険し、行歩甚だ難む。」
2月9日	綱木～木崎	33・1	「此の間、雪深くして行くこと艱む。会津領はここに止まり、番所あり。是より以往は、雪漸く浅く、地漸く夷に、行くこと甚だしくは艱まず。」
閏2月19日	藤塚～塩町	42・9	「瀬波川以北は雪猶ほ深し。愈々進みて愈々深く、塩町に至れば則ち四尺許りなり。」
閏2月20日	塩町～大川	29・2	「大雪もて道梗がれ、未だ行踪あらず、漫として行くべからず。人の行くを待つこと之れを久しうして、而も遂に一人の過ぐる者なし。因つて一夫を雇ひ葡萄駅に至る。」
3月5日	小泊～上月	31・2	「藩、旅人の此の路を過ぐるを厳禁す、故を以て道を修めず。澗を渉ること数次、深さ毎に膝を没す。行くこと里許、始めて其の巓を越えて下ること二里許り、雪の深さ二三尺、愈々下れば澗流愈々大なり、又渉ること数次、困苦太甚し。」

出典：吉田松陰「東北遊日記」吉田常吉・藤田省三・西田太一郎校注『日本思想大系五四　吉田松陰』岩波書店、一九七八、四四六―五三四頁より作成

にして、困憊常に倍す。[39]」と追記されているように、歩行距離が長くなくても、深い雪の中を歩くことは疲労の度合いが倍増すると松陰は痛感しました。

ともあれ、吉田松陰は健脚でした。表3－5の歩行距離の覧を見ると、深い雪道に難渋した記述とは裏腹に、一定の距離をしっかり歩いていることが確認できるからです。

ちなみに、松陰は積雪時にソリに試乗して楽しんだ形跡があります。会津若松に逗留していた二月五日に、「雪上に用ふる所の氷車は軽迅喜ぶべし。[40]」と書きました。「氷車」と呼ばれたソリの部類に乗って、そのスピード感に喜んでいます。西国出身の松陰にとって、初めての経験だったことでしょう。

『北越雪譜』には「䡟《そり》といふ物、雪国第一の用具。[41]」との解説のもと、木製の䡟のイラスト（図3－2）が掲載されています。松陰の記述は、「之れを問ふに則ち曰く、『重さ四十貫を載す』と云ふ。[42]」と続き、この氷車の積載重量はおよそ四〇貫（約一五〇kg）だとあります。松陰が試乗した氷車も、図のような大型の車体だったのではないでしょうか。

雪道の旅装

ここで、吉田松陰の旅装について考察してみましょう。嘉永四（一八五一）年九月二七日、萩に在住の兄に宛てた書簡には、東北遊歴の準備品について記した文面の中で、「遊具も〈笠・合羽・物入袋・地図・道中記の類〉少々調へ度品有之[43]」と書いています。「遊具」とは旅行用具を指しますが、

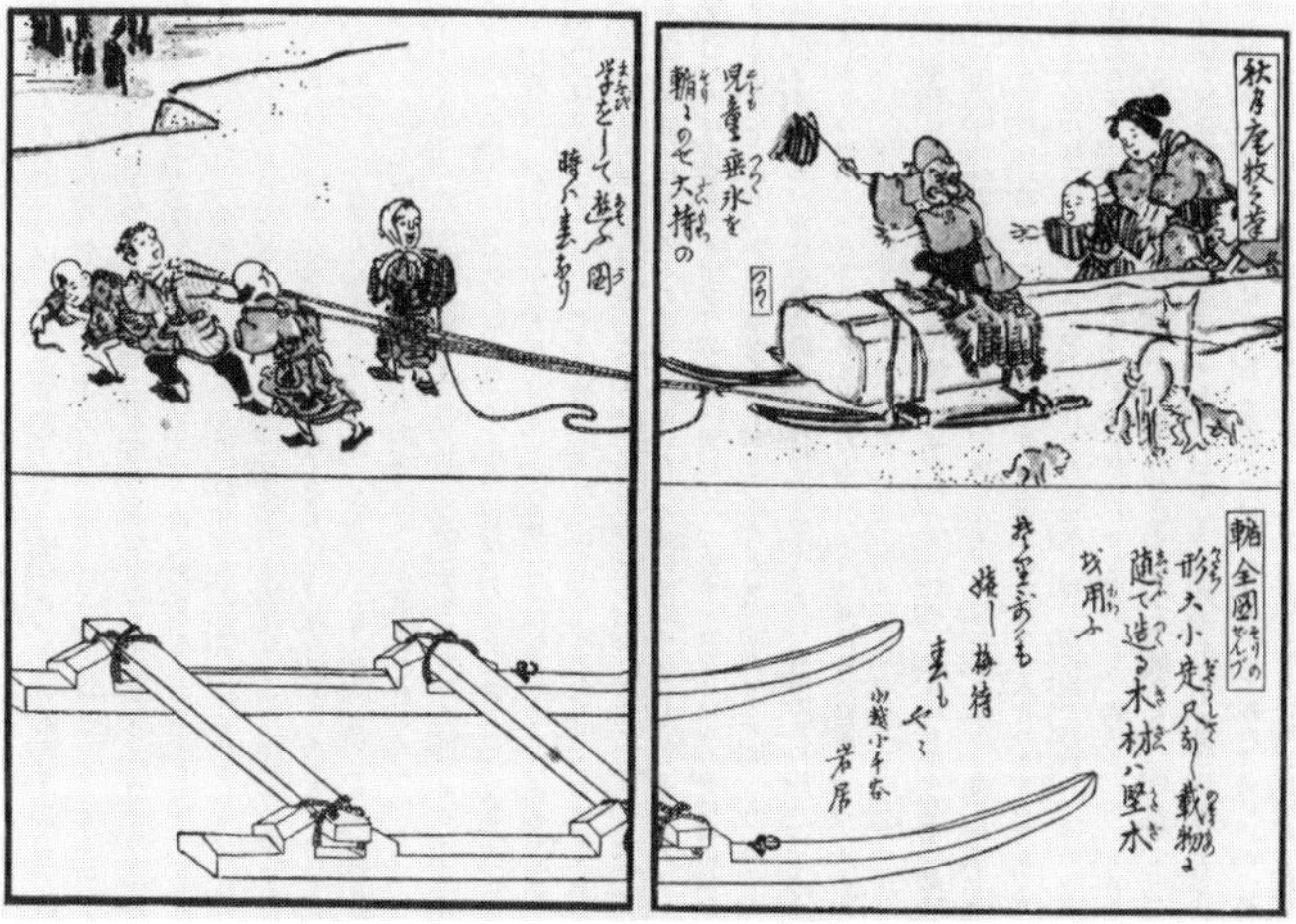

図3－2　『北越雪譜』に掲載された輴

出典：鈴木牧之編撰「北越雪譜　二編　巻之一」岡田武松校訂『北越雪譜』岩波書店、1936、pp. 194-195

その中身として笠、合羽、物入袋、地図、道中記を挙げました。

また、松陰は嘉永五（一八五二）年九月四日に、萩の斎藤新太郎宛てに東北遊歴の内容を報告する手紙を出しています。旅の模様を振り返る文面で、「背に一領の甲を負ひ、腰に三尺の剣を横たふ。僕の遊、是くの如きのみ。[44]」と書き留めました。甲に見立てた風呂敷包みを背負い、三尺（約九〇㎝）ほどの長さの脇差しを帯刀して歩いていたようです。風呂敷包みの中には、前述した「遊具」の一式が入っていたことでしょう。

徳富蘇峰の著作『吉田松陰』（初版は明治二六年刊行）には、下田柿崎（現在の静岡県下田市）に滞在中の松陰を直接目撃した人物からの聞き取りの模様が収載されています。宿泊先の宿屋の息子は松陰の旅装を、「木綿藍縞の袷衣に小

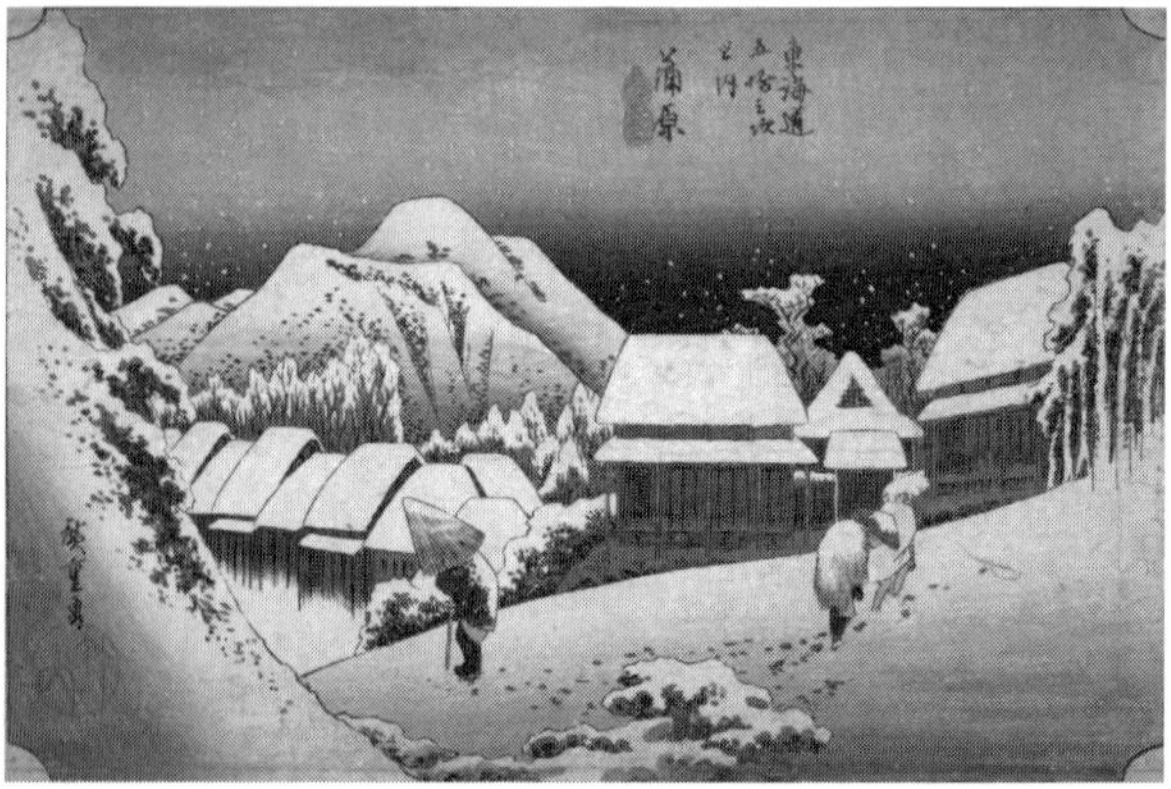

図３－３　『東海道五拾三次』に描かれた東海道蒲原宿付近の雪道

出典：歌川広重『東海道五拾三次之内　蒲原　夜之雪』1836、国立国会図書館蔵

倉の帯を締め無地木綿のぶっ割き羽織を着し、鼠小紋の半股引に脚半をあて前後に小き小包物を負いおり候[45]」と語りました。これは、嘉永七（一八五四）年に松陰がペリー艦隊への密航を企てた際の見聞で、東北遊歴の場面とは異なりますが、松陰の旅装のイメージを得るには十分な証言です。

このように、吉田松陰の旅装束はシンプルだったようですが、軽装の旅が長距離を歩きやすくしていたことは言うまでもありません。

しかし、この通常の旅装に加えて、厳しい寒さが襲う雪国では防寒の装備をしなければなりませんでした。歴史気候学では、一七八〇～一八八〇年頃は第三小氷期に分類され、特に一九世紀中頃は「非常に寒冷」な気候に該当するため[46]、松陰はかなり冷え込む時代の冬に旅をしたことになります。図３－３は歌川広重の『東海道五拾三次』に描かれた雪道の様子です。雪の降りしきる中を歩く旅人たちは、笠や簑など、雪用の装束に身を包んで

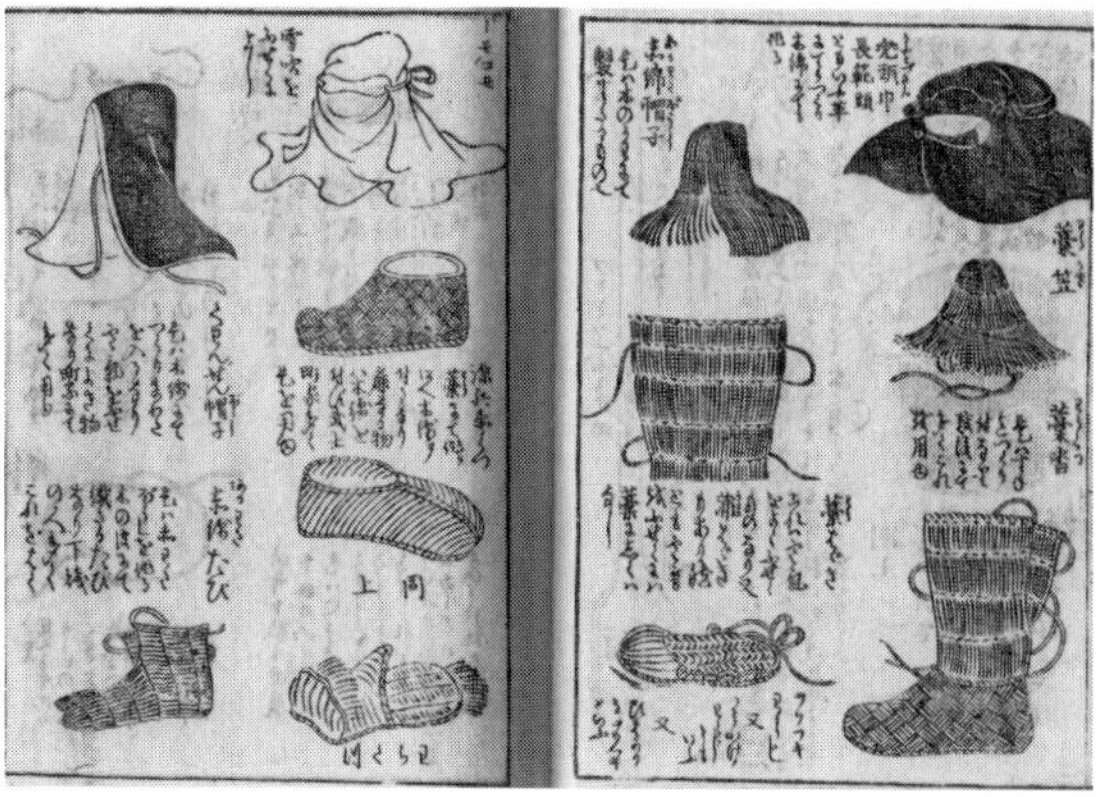

図3－4　『旅行用心集』に掲載された雪中用具

出典：八隅蘆庵『旅行用心集』須原屋伊八、1810、26丁、筆者所蔵

います。

『旅行用心集』には、「雪國の寒気甚しきと満雪の深きとハ筆紙にも尽すべからす[47]」という大前提のもと、雪国で必須の道具がイラスト（図3－4）を添えて紹介されました。「雪中旅具ハ　紙衣胴着或ハ皮類のものを下着に用ゆへし[48]」と、防寒用の下着を着込むべき旨の解説もあります。また、雪国の心得として、「沓 草鞋の類も雪國にて用ゆる品を其所にて調ふべし 前かとよ里用意有ても其土地によつて用立ぬものなり[49]」と説かれ、雪用の履物は事前に準備しても役に立たないケースが多いので、現地で調達するのが最適だと強調されています。

『北越雪譜』には、「雪中歩行の用具」という項目があります。そこには、「かじき すかりの二ツは冬の雪のやはらかなる時ふみこまぬ為に用ふ。はきつけぬ人は一足もあゆみがたし。なれたる人はこれをはきて獣を追ふ也[50]。」との解説が見られます。「かじき」（かんじき）と「すかり」は、柔らかい雪の中を歩く時に雪に埋もれ

図３－５　『北越雪譜』に掲載された「すかり」

出典：鈴木牧之編撰「北越雪譜　二編　巻之一」岡田武松校訂『北越雪譜』岩波書店、1936、p. 191

ないための歩行用具で、履き慣れない人は一歩も進めないものの、これを履いて動物を追いかける熟練者もいたそうです。図３－５は、同書に添えられた「すかり」を履く人の絵画です。このように、足元に繋がれた紐を握って雪中の足を引き上げながら、半身姿勢の連続動作で歩く恰好になりました。

『東北遊日記』の中には、特別な歩行用具を使った記録はありませんが、吉田松陰もこうしたアイテムを現地で調達して歩いた可能性もあるわけです。

雪国に限らず、松陰は、各地の風俗を事細かに観察していました。服装に関して、閏二月二四日の秋田付近に差し掛かったところで興味深い記述を残しています。松陰によると、「数日間、土人の往還する者を見るに、皆面を裏み頭を冒ひ、僅かに両目を露すのみ、此々皆然り[51]」とあり、この地方に特有のかぶり物の存在に気が付きました。これは、顔を布で覆って目だけを露出したかぶり物で、山形から秋田地方にかけて見られた「どもっこ」（ともっこう、ぼとっこ）という風俗でした[52]。天明八（一七八八）年、秋田の久保田城下を訪れた津村淙庵も、この地で松陰と同じ防寒具を目のあたりにし、「ともかうは頭巾なり。[53]」と日記に書きました。

松陰は、このかぶり物を指して「土風の笑ふべきものなり。[54]」と書き留め、秋田地方の珍しい風習に強い興味関心を示しています。居住地域を越境することが稀な時代にあって、道中の異文化に触れることは、旅の醍醐味だったと言えるでしょう。

5　江戸の旅人の食事

吉田松陰は、旅の道中で何を食べたのでしょうか。『東北遊日記』には、道中で口にした食品の情報は見られませんが、いくつかの史料を突き合わせて想像してみましょう。

吉田松陰の江戸留学中の食生活

松陰の食の嗜好がわかる史料があります。江戸留学中に日々の金銭出納記録を書き留めた『費用録[55]』です。

『費用録』の中から、江戸留学中の五月一日から八月二五日にかけての松陰の食生活に関わる事柄を抜き出して、表3－6を作成しました。一覧には調味料も含めて記載しましたが、購入した食品を見ると、餅、うどん、そば、漬物、煮物、野菜類が目立ちます。私たち現代人から見れば、松陰の食生活は至って質素だったことがわかります。また、菓子、ところてん、果物、甘藷などを頻繁に食べ

表3－6　吉田松陰の江戸留学中の食生活（購入品）一覧

日付	購入した食品類	金額
5月1日	鰯	32文
5月4日	茅巻（ちまき）	36文
	もち	8文
5月6日	煎豆	16文
5月8日	漬菜	28文
	鰹節	68文
5月13日	らつけう（らっきょう）	8文
	もち	806文
5月14日	ひしほ（醤：発酵調味料）	8文
5月16日	梅實	8文
5月17日	やたら漬	7文
5月19日	もち	66文
5月20日	梅實	8文
5月21日	鹽（塩）	4文
5月22日	もち	8文
	きうり漬（胡瓜漬）	6文
5月23日	煮豆	4文
5月24日	饂飩（うどん）	40文
5月25日	もち	20文
	料理	16文
6月23日	やたら（漬）	4文
	黒目（海藻の乾燥食品）	8文
6月24日	梅實	12文
6月25日	そば	48文
	煮豆	20文
	茄子漬	4文
6月26日	豆腐	15文
	醤油	8文
6月27日	うり（瓜）	6文
6月28日	うり（瓜）	6文
	ところてん	24文
7月1日	そば	22文
	水	8文
	茶	158文
7月2日	しほ（塩）	4文
	茄子漬	4文
7月3日	から	8文
7月4日	するめ	8文
7月5日	菜代	20文
7月6日	そば	32文
7月7日	漬物類	20文
7月21日	ひしほ（醤）	8文
7月22日	餅	24文
7月24日	菓子	500文
	餅	24文
	煮豆	8文
	やたら	8文
	餅	40文
7月27日	梅實	8文
7月28日	飯	56文
	ひしほ（醤）	12文
7月29日	餅	24文
	ひしほ（醤）	8文
7月30日	ひしほ（醤）	8文
8月1日	ひしほ（醤）	8文
8月2日	らつけう（らっきょう）	8文
8月3日	てつか（味噌）	8文
8月4日	てつか（味噌）	8文
	煮豆	8文
8月5日	鹽（塩）	4文
8月6日	てつか（味噌）	8文
8月7日	てつか（味噌）	8文

5月27日	新漬大根	4文
5月28日	鰯	16文
	もち	28文
5月29日	しほ（塩）	3文
	す（酢）	3文
	のり（海苔）	4文
6月1日	もち	12文
	大根漬	4文
6月3日	料理	12文
	漬もの	4文
	鹽（塩）	5文
6月5日	煮豆	16文
6月7日	料理	28文
6月8日	餅	16文
6月10日	きうり（胡瓜）	6銭
	煎豆	22文
6月12日	肴	58文
	煎豆	22文
6月22日	煮染（煮しめ）	16文
7月8日	漬物類	12文
7月9日	漬物	10文
7月10日	茄子漬	4文
	西瓜	52文
	餅	32文
7月11日	梅實	8文
7月13日	茄子漬	4文
	漬菜	4文
	水	4文
7月15日	てつか（味噌）	8文
	かし（菓子）	20文
	うんどん（うどん）	48文
	ひしほ（醤）、茄子漬	8文
	煎豆	16文
7月17日	茄子漬	4文
7月18日	梅實	12文
7月19日	砂糖	100文
	葛粉	100文
	紫蘇（しそ）	8文
8月8日	茄子漬、梅實	12文
	處天（ところてん）	20文
8月9日	鐵架（味噌）	8文
8月10日	蕎麦	48文
8月11日	梅實	12文
8月12日	大根	8文
	鐵戈（味噌）	8文
	鐵戈、茄子漬	12文
8月14日	水	8文
	水油	82文
	桃實	12文
8月16日	溫飩（うどん）	48文
8月18日	飯	36文
8月21日	團子	24文
8月22日	銕戈（味噌）	8文
	蔗（甘藷のこと）	8文
8月25日	銕戈（味噌）	4文
	飯	56文

出典：吉田松陰「費用録」山口県教育会編『吉田松陰全集　第一〇巻』岩波書店、一九三九、一四七―一六八頁より作成

ていることから、松陰はどうやらスイーツ好きだったようです。
おそらく、朝晩は自宅で食事を取っていたので、『費用録』に掲載されている品々は、昼食や間食として江戸の街中で口にしたものでしょう。松陰が江戸に滞在した時代には、街頭で食べ物を売る屋台も多く出ていました。幕末の百科事典『守貞漫稿』から、江戸市中で販売されていた食品の値段をいくつか抜き出すと、そば一六文、鰻蒲焼一六文、甘酒八文、蛤一〇文、豆腐五〇～六〇文、汁粉一六文、蒟蒻八文程度だったようです。[56]『費用録』に記された食品の物価と概ね一致しています。

旅の食事と献立

次に、街道筋での食料品の販売について見てみましょう。時代を遡りますが、元禄四（一六九一）年に長崎～江戸間を旅したドイツ人医師のケンペルは、街道で見かけた茶屋の様子を下記のように書き綴っています。

「疲れた徒歩の旅行者や身分の低い人たちは、わずかな銭を払って、上等ではないが暖かい軽い食事をとり茶や酒を飲むことができる。こういう小さい料理屋や茶店は、苦労して暮しを立てなければならない貧しい人たちがやっているので、これらの店は貧弱で粗末であるが、それでも通り過ぎる旅人をいつも惹きつけるに足るものである。[57]」

ケンペルによれば、すでに一七世紀末葉の街道には至るところに茶屋があり、決して豪華とはいえないものの、茶や酒を含む料理を旅人に低価格で振る舞っていたようです。

それでは、吉田松陰が旅した一九世紀半ばには、旅人は何を食べていたのでしょうか。松陰とほぼ同時期の弘化五（一八四八）年に讃岐国寒川郡神崎村（現在の香川県さぬき市）から伊勢参宮をした旅人（名称は不詳）が、『伊勢参宮献立道中記』[58]という日記を書いています。この旅人は、約二ヵ月間で三〇ヵ所余りの旅籠屋で宿泊、休息し、一〇ヵ所ほどの料理屋、茶屋で飲食をして、そこで口にした一〇〇種類以上の食品を丁寧に記録しました。道中の献立をここまで詳細に書き取った史料は、ほかに例がありません。

『伊勢参宮献立道中記』のうち、大坂から伊勢神宮に至る一週間を切り取って、毎日の三食の献立を表3‐7にまとめました。朝晩は宿泊先で提供された食事、昼は茶屋等で取った食事の献立です。豊富なメニューで夕食は品数も多いものの、そこまで豪勢な食生活ではなかったようです。ただし、三食以外にも、街道筋で各地の名物などを間食する場合もあったため、実際にはより多くの食品を口にしていると理解すべきでしょう。

おそらく、松蔭も、朝晩は宿泊先の旅籠で食事を提供され、昼食は街道筋の茶屋等で取っていたと考えられます。旅した地域こそ異なりますが、吉田松陰の旅行中の食生活も、だいたいこのような献立だったとイメージしておきましょう。

前述した下田柿崎での聞き取りでは、旅先での松陰の食事風景についても情報が得られていまし

表3-7 『伊勢参宮献立道中記』に見る道中の献立

日付	朝食	昼食	夕食
3月19日	菓子椀（豆腐、海苔）、猪口（芋づき酢）、飯	イカナゴ煮付、 菓子椀（根芋、竹の子、油揚げ）、 味噌汁（豆腐、ツムギ、山椒）、飯	圓盆（琉球芋、油アゲ、椎茸、竹の子）、 三盃酢（うど、木の芽、琉球芋）、 竹の子の煮付け、 味噌汁（味噌煮豆腐、青み）、 猪口（苣 わさび醤油）、 煮物（竹の子、氷豆腐）、飯
3月20日	椀（長いも、椎茸、湯葉）、吸い物（茸一色）、 猪口（琉球芋を蒸して丸型としたもの）、飯	椀（湯葉、竹の子、椎茸、ふき）、 吸い物（豆腐、青み）猪口（したし物）、飯	菓子椀（三つ葉、椎茸、竹の子）、 茶碗（麩、すり生姜、獨活）、 味噌汁（青み）、香の物、飯
3月21日	椀（芋、ぜんまい、湯葉）、 猪口（三盃酢、昆布、ほそ大根）、 味噌煮（青み）、飯	菓子椀（獨活、玉麩、生姜）、猪口（煮豆）、 味噌汁（青み）、香の物、飯	椀（焼豆腐、椎茸、竹の子）、 猪口（したし）、味噌汁（焼豆腐、あられ）、 香の物、飯
3月22日	煮物（椎茸、高野豆腐、小いも）、 猪口（菜したし）、 汁（焼豆腐あられ、山椒）、飯	煮物（竹の子、ふき、氷豆腐、椎茸、いも）、 猪口（したし物）、味噌汁（青み）、飯	鰤の煮付け、 菓子椀（長いも、椎茸、麩まき）、 味噌汁（青み）、香の物、飯
3月23日	平（湯葉、青麩まき、竹の子）、 猪口（煮豆）、汁（味噌、青み）、飯	椀（高野豆腐、竹の子、里芋）、 皿（鰤の煮付け）、 汁（後藤味噌、青み）、飯	菓子椀（つくいも、白焼、椎茸）、 皿（煮魚）、味噌汁（青み）、香の物、飯
3月24日	蒲鉾、たかんな、蒟蒻、糸切、鳥貝、 ちりめん、じゃこ、酢味、 味噌汁（青み）、飯	平（鶏卵、ごぼう、薄雪、昆布、観世麩、椎茸）、 皿（鰡の煮付け）、味噌汁、（赤味噌、青み）、飯	皿（鳥貝和物）、 菓子椀（ふき、いか、たかんな）、 味噌汁（赤味噌、青み）、飯
3月25日	皿（鰡の煮付け）、椀（焼豆腐、けいらん）、 味噌汁（赤味噌、青み）、猪口（煮豆）、飯	皿（鰈煮付け）、椀（観世麩、ふき、蒲鉾）、 猪口（漬菜胡麻）、飯	皿（錦大根、かき、酢和え）、椀（鰡、昆布）、 汁（赤味噌、青み）、飯、引手皿（鯛子焼物）

出典：著者不詳「伊勢参宮献立道中記」谷川健一ほか編『日本庶民生活史料集成 第二十巻 探検・紀行・地誌 補遺』三一書房、一九七二、六〇二―六〇五頁より作成

た。宿泊先の旅館の息子は、松陰の食事の取り方を、「食事も普通にて別に物好みもこれ無く、ただ器械的に箸より口へ移すまでにてこれ有り。[59]」と回顧しています。語り手の記憶の範疇ではありますが、食事に特別なこだわりを持たずに、宿泊先で出された食べ物を黙々と口に運ぶ松陰の姿が浮かび上がってくるようです。

本章では、『東北遊日記』を拠り所に、吉田松陰の東北遊歴に見られた歩行事情の解明を試みました。さまざまな視点からアプローチしたところ、やはり松陰は高い歩行能力を持っていたと理解することができます。

嘉永三（一八五〇）年、初めて藩を飛び出して九州に遊学した際の『西遊日記』の序文に、松陰は「発動之機ハ周遊之益也。[60]」と書いています。居住地域を越境して各地を周遊し、見聞を広めることは、「発動」の機会を生み出す益があると明言しました。一四〇日間の東北遊歴も、吉田松陰のその後の人生に、何らかの発動の機会をもたらすものだったはずです。

幕末動乱期を駆け抜けた松陰の思想形成は、その健脚に支えられていました。言い換えれば、松陰のような歩行能力を持っていなければ、生活圏を飛び越えて異文化世界で学び、国際社会を視野に入れた近代的な思考を身に付けることは難しかったのでしょう。

吉田松陰をはじめ、幕末の志士の中には旅行家が多く見られましたが、それは偶然ではありません。諸国を歩き回って旅することは、来る近代を見据えて人びとを導けるリーダーの条件だったのではないでしょうか。

〈注記及び引用・参考文献〉

(1) 吉田松陰が自身を「松陰」と号するようになったのは嘉永五(一八五二)年頃からで、それ以前は「吉田大二郎　矩方《のりかた》」を名乗っていました。したがって、本章で取り上げる期間、正確には吉田大二郎と表記すべきところですが、広く一般に知られる呼び名として、本章では「吉田松陰」の呼称を用いることにしました。

(2) 本章で用いた『東北遊日記』の底本の注釈には、宮部鼎蔵は次のように解説されています。「熊本藩士。名は増実、田城又は尖庵と号す。山鹿流兵学を教え、尊王攘夷を主張し、肥後勤王党に属す。松陰とは九州遊学依頼刎頸の交を結ぶ。」(吉田常吉・藤田省三・西田太一郎校注『日本思想大系54　吉田松陰』岩波書店、一九七八、三〇頁)

(3) 同じく、底本の注釈には、江帾五郎は次のように解説されています。「家は代々常陸那珂郡に在り、のち出羽大舘に移り、父道俊は盛岡南部藩医であった。五郎はその次子。江戸に出て安積良斎・東条一堂に学び、さらに大和の森田節斎らに従学した。東北行に同道したのは嘉永二年獄死した兄春庵の復仇をはかるためであったが、結局仇討は成就しなかった。」(同上、五五頁)

(4) 吉田松陰「東北遊日記」吉田常吉・藤田省三・西田太一郎校注『日本思想大系54　吉田松陰』岩波書店、一九七八、四四六―五三四頁

(5) 妻木忠太『吉田松陰の遊歴』泰山房、一九四一

(6) 諸根樟一『吉田松陰　東北遊歴と其亡命考察』共立出版、一九四四

(7) 奈良本辰也『吉田松陰』岩波書店、一九五一

(8) 奈良本辰也『吉田松陰　東北遊日記』淡交社、一九七三

(9) 織田久『嘉永五年東北――吉田松陰「東北遊日記」抄――』無明舎出版、二〇〇一

(10) 諸根、前掲書、四頁

(11) 奈良本『吉田松陰』、五一―五二頁

(12) 吉田松陰「辛亥日記」山口県教育会編『吉田松陰全集　第10巻』岩波書店、一九三九、一七六頁

(13) 奈良本『吉田松陰　東北遊日記』、六六頁

(14) 吉田松陰「東北遊日記」、四四六頁

(15) 同上

(16) 吉田松陰「旅行願（控）（嘉永四年七月十六日）」山口県教育会編『吉田松陰全集　第11巻』岩波書店、一九四〇、二六五―二六六頁

(17) 「旅行許可指令（嘉永四年七月二十三日）」山口県教育会編『吉田松陰全集　第11巻』岩波書店、一九四〇、二六六―二六七頁

(18) 吉田松陰「兄杉梅太郎宛　九月二十三日（書簡）」吉田常吉・藤田省三・西田太一郎校注『日本思想大系54　吉田松陰』岩波書店、一九七八、四六頁

(19) 吉田松陰「兄杉梅太郎宛　九月二十七日（書簡）」吉田常吉・藤田省三・西田太一郎校注『日本思想大系54　吉田松陰』岩波書店、一九七八、五〇頁

(20) 同上、五〇頁

(21) 同上、五一頁

(22) 織田、前掲書、四七頁

(23) 吉田松陰「兄杉梅太郎宛　十二月十二日（書簡）」吉田常吉・藤田省三・西田太一郎校注『日本思想大系54　吉田松陰』岩波書店、一九七八、六一―六二頁

(24) 同上、六二頁

(25) 吉田松陰「東北遊日記」、四四六頁
(26) 奈良本『吉田松陰』、五五頁
(27) 吉田松陰「東北遊日記」、四四八頁
(28) 同上
(29) 同上、四四九頁
(30) ただし、吉田松陰は参勤の行列と宿泊をともにしましたが、同行の井上壮太郎、中谷松三郎らとともに常に藩主の行列に先立って出発し、参勤交代の正式な随員ではありませんでした(「解題」山口県教育会編『吉田松陰全集　第10巻』岩波書店、一九三九、三頁)。
(31) 吉田松陰「東遊日記」山口県教育会編『吉田松陰全集　第10巻』岩波書店、一九三九、一二七―一四四頁
(32) 吉田松陰「父叔兄宛　三月二十一日(書簡)」吉田常吉・藤田省三・西田太一郎校注『日本思想大系54　吉田松陰』岩波書店、一九七八、一八頁
(33) 吉田松陰「東北遊日記」、四九五頁
(34) 同上、五〇一頁
(35) 同上、五二二頁
(36) 同上、四八六頁
(37) 鈴木牧之編撰「北越雪譜　初編　巻之上」岡田武松校訂『北越雪譜』岩波書店、一九三六、三〇頁
(38) 八隅蘆庵『旅行用心集』須原屋伊八、一八一〇、二三丁
(39) 吉田松陰「東北遊日記」、四九九―五〇〇頁
(40) 同上、四七五頁
(41) 鈴木牧之編撰「北越雪譜　二編　巻之一」岡田武松校訂『北越雪譜』岩波書店、一九三六、一九二頁
(42) 吉田松陰「東北遊日記」、四七五頁

(43) 吉田松陰「兄杉梅太郎宛　九月二十七日（書簡）」、五一頁
(44) 吉田松陰「斎藤新太郎宛　九月四日（書簡）」吉田常吉・藤田省三・西田太一郎校注『日本思想大系54　吉田松陰』岩波書店、一九七八、七三頁
(45) 徳富蘇峰『吉田松陰』岩波書店、一九八一、八九頁
(46) 前島郁雄「歴史時代の気候復元――特に小氷期の気候について――」『地学雑誌』九三巻七号、一九八五、四一七頁
(47) 八隅蘆庵、前掲書、二四丁
(48) 同上
(49) 同上、二七丁
(50) 鈴木牧之編撰「北越雪譜　二編　巻之一」、一九一頁
(51) 吉田松陰「東北遊日記」、五〇一頁
(52) 底本の注釈には、この場面は「『どもっこ』（ともっこう・ぼとっこ）をかぶるさま。山形・秋田地方特有の主として女性が寒い時にかぶった布製大形のかぶりもの。」（吉田常吉・藤田省三・西田太一郎校注『日本思想大系54　吉田松陰』岩波書店、一九七八、五〇二頁）と説明されています。また、『江戸服飾史』の「ともこも頭巾」の項には、「後期にも東北地方には防寒用としてその名を留めていた。それは薄綿を入れ、顔の出る部の左右に紐をつけて前から後へまわして結び、目ばかり頭巾にするのである。」（金沢康隆『江戸服飾史』青蛙房、一九六二、三〇八―三〇九頁）という説明があります。
(53) 津村淙庵「雪のふる道」谷川健一ほか編『日本庶民生活史料集成　第二十巻　探検・紀行・地誌　補遺』三一書房、一九七二、七四九頁
(54) 吉田松陰「東北遊日記」、五〇一頁
(55) 吉田松陰「費用録」山口県教育会編『吉田松陰全集　第10巻』岩波書店、一九三九、一四七―一六八頁

(56) 喜田川守貞「守貞漫稿　巻之六」宇佐美英機校訂『近世風俗志（守貞謾稿）（一）』岩波書店、一九九六、二四三―三一一頁
(57) ケンペル「日本誌」斎藤信訳『江戸参府旅行日記』平凡社、一九七七、四五―四六頁
(58) 著者不詳「伊勢参宮獻立道中記」谷川健一ほか編『日本庶民生活史料集成　第二十巻　探検・紀行・地誌　補遺』三一書房、一九七二、五九九―六二二頁
(59) 徳富、前掲書、九〇頁
(60) 吉田松陰「西遊日記」吉田常吉・藤田省三・西田太一郎校注『日本思想大系54　吉田松陰』岩波書店、一九七八、三九四頁

第4章

清河八郎

母孝行の伊勢参り

1 はじめに

幕末の志士として知られる清河八郎は、天保元（一八三〇）年に出羽国庄内田川郡清川村（現在の山形県庄内町）の裕福な造り酒屋の斎藤家に生まれました。幼名は元司と名付けられましたが、安政元（一八五四）年に斎藤家とは別に一家を起こし清河八郎と称します。清河の姓は生まれ故郷の清川村に因んでいますが、「川」よりも大きな「河」の字を取ったそうです[1]。

弘化四（一八四七）年、八郎は家出同然で江戸に出府します。江戸では古学の東条一堂塾に学び、後に朱子学の安積艮斎塾に転じました。その傍ら、北辰一刀流の千葉周作道場に入門して剣術にも励みます。この間、八郎は、北は蝦夷地から南は長崎の出島まで全国各地を遊歴して歩き、旅の心得を身につけていました。なかでも、嘉永三（一八五〇）年の京都・九州遊歴の模様は、八郎の日記『耕雲録』[2]に収められています。

安政元（一八五四）年、江戸の神田三河町に清河塾を開きますが、すぐに火災で焼失してしまいます。郷里に戻った八郎は、母の長年の願いだった伊勢参宮を思い立ち、下男の貞吉を従えて全国各地を訪ね歩きました。安政二（一八五五）年三月一九日に清川村を出立すると、日本海沿岸を南下して善光寺、名古屋を経て伊勢参宮を果たし、奈良、京都、大坂を周遊してから四国の丸亀や安芸の宮島、岩国まで足を延ばし、帰路は東海道を進んで江戸を見物した後、日光を経て東北方面に北上し、九月一〇日に帰郷します。この時、八郎は二六歳、母の亀代は四〇歳です。一六九日間に及ぶ母孝行の長距離徒歩旅行でした。

旅行中、清河八郎は毎晩の旅宿で欠かさず日記を付けていました。その旅日記が『西遊草』です。日記の分量は、全一一巻八冊に及びます。八郎は『西遊草』を世に送り出すつもりはなく、故郷の子どもたちが将来伊勢参りをする時の参考に旅の一部始終を書き留めました[3]。

しかし、本人の思惑とは裏腹に、『西遊草』は近世後期の旅のあらましを現代人に詳しく教えてくれる格好の素材として残りました。八郎が夜な夜な書き連ねた毎日の出来事は、当時の旅の実情を詳細かつ正確に切り取っているからです。八郎母子の行動の描写にとどまらず、旅行に関わる各種ビジネスの存在も見て取ることができます。さらには、女性連れの旅に付き物だった関所抜けの実態も赤裸々に綴られています。

実は、八郎母子の伊勢参宮は抜け参りでした。周囲には母の眼病平癒のために、ご利益のある菅谷不動（新潟県新発田市の菅谷寺不動堂）に参詣すると告げて旅立っています。[4] また、八郎が「時に寄、足の健なる折は西遊の心得にいたる。[5]」と記したように、母の体調が良ければそのまま伊勢を含む西国への旅を続ける計画を立てていました。これは庄内地方から抜け参りをする際の常套句で、周囲もこれを黙認していたと思われます。

当時、抜け参りは珍しくありませんでしたが、無許可であるがゆえのリスクもありました。特に女性連れの抜け参りには、それなりの覚悟が必要です。経済力のある斎藤家の人間が抜け参りを決行した背景には、当時庄内藩の財政が困窮して倹約が励行され、伊勢参りの自粛令が繰り返し出されたことが関係していました。しかし、領主側が取り締まりに乗り出したこと自体、この地域からの伊勢参りが活発だったことを物語ります。

清河八郎を題材にした研究は、人物評伝が目立ちます。大川周明の『清河八郎[6]』、小山松勝一郎の『清河八郎[7]』、高野澄の『清河八郎の明治維新[8]』などがこれに該当します。しかし、こうした研究では、清河八郎の生い立ちや尊攘派の志士としての活動の描写が中心に据えられ、『西遊草』の旅が取り上げられることはほとんどありませんでした。

『西遊草』の研究として第一に挙げられるのが、同書の翻刻本に添えられた小山松勝一郎の解題です。[9] 校注者でもある小山松の解説からは、『西遊草』の旅の概要や史料的な特徴を知ることができます。

『西遊草』は男性の清河八郎が執筆したものですが、旅行史の分野では、母親を伴う長距離旅行という特質から、むしろ女性の伊勢参宮を示す史料という文脈で研究されてきました。深井甚三の『近世女性旅と街道交通』[10]、山本志乃の「旅日記にみる近世末期の女性の旅」[11]及び『団体旅行の文化史』[12]などは、『西遊草』に見られる関所抜けや名所観光の記述から、近世後期の女性旅の実態を描き出すことに成功しています。

『西遊草』を女性の旅を映し出す秀逸な日記として見た時、亀代が当時の女性としては一二を争うほど遠くまで足を延ばしていることに気が付きます。しかも、亀代は行程の大半を馬や駕籠に頼らずに歩いて移動しました。そこで本章では、『西遊草』の旅を男性のみならず、女性の長距離徒歩旅行としても捉え、清河八郎と母の亀代の全国行脚に「歩行」という角度から光を当ててみましょう。

具体的には、『西遊草』を基本史料として[13]、①道中の歩行距離はどのような傾向にあったのか、②行く先々で遭遇する難所をどのように乗り越えたのか、③道中でどのような名物を食べたのか、④道中で何を買い求め、購入した品々はどのように運んだのか、⑤長距離歩行のモチベーションとなった各種の観光はどのように行われたのか、という順序で八郎母子の旅行事情を紐解きます。

2　清河八郎の歩行距離の傾向

図4－1は『西遊草』の旅のルートです。清河八郎は往復路で異なる旅程を組み、なるべく同じ道を通らないようにして各地を周遊していることがわかります。これは、当時の観光旅行の一般的な傾

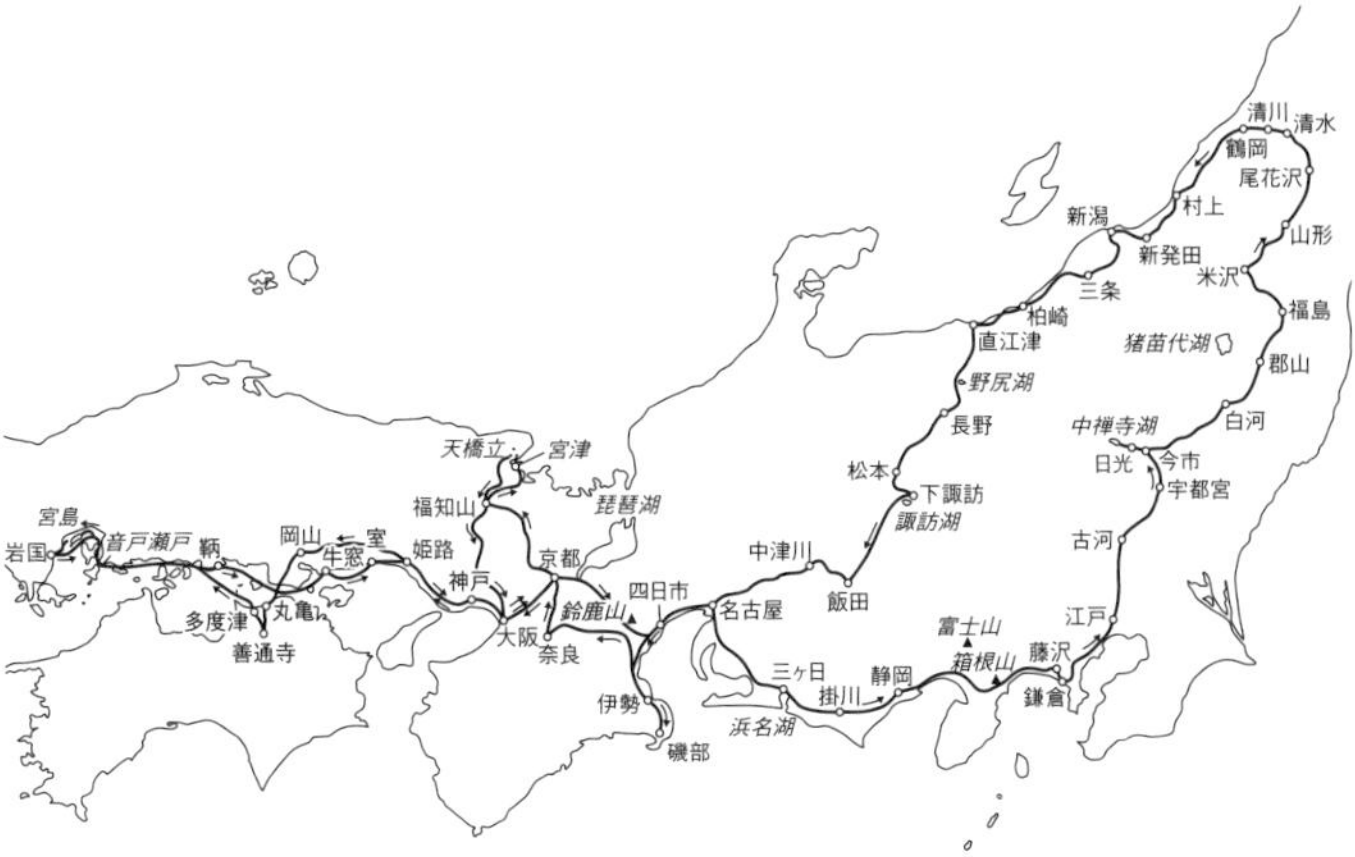

図４－１　『西遊草』の行程図

出典：小山松勝一郎校注『西遊草』岩波書店、1993、pp. 8－9より作成

向と一致します。八郎は旅行の経験が豊富でしたが、母の亀代にとっては滅多にない遠隔地への旅でした。だからこそ、この絶好の機会に、母がより多くの異文化に触れて見聞を広め、三都（江戸・京都・大坂）を含む各地の風物を満喫できるように、配慮が行き届いた旅行計画を立てたのでしょう。

一日あたりの歩行距離

以下では、『西遊草』の旅に見られる歩行距離の傾向を見ていきますが、ここで示される歩行能力は清河八郎本人というよりも、母の亀代のものだと考えてよいでしょう。この旅を通じて、八郎は母に配慮して旅程を柔軟に変更するなど、母を中心に旅を進めているため、毎日の歩行も母の状態に合わせて調節していた可能性が高いからです。

亀代が基本的に徒歩で旅をしていたことは、次の記述によって知ることができます。八郎は、「母は元より断然の気性なれども、常々病身なりしに、道中より日々健かに相成、馬、駕籠もさらに用ひず、衆より先だちて歩みいづる容子故、祝着是に越すべきや。[14]」と書きました。母はてきぱきとした性格でしたが、病気に悩まされていました。しかし、旅に出てからは毎日の健康状態はすこぶる良好で、馬や駕籠もまったく使わず一行の先頭に立って歩くほどで、こんなに嬉しいことはないと八郎は喜んでいます。

表4－1は、『西遊草』の全行程の歩行距離を一覧にしたものです。その距離の傾向を分析すると、**表4－2**のように整理することができます。一六九日間のうち、行程が不明な日や逗留した日を除くと、歩行距離の計測対象は七三日間となります。この範囲で計算すると、総歩行距離は二一二七・三㎞です。日毎の歩行は、一日平均で二九・一㎞、最長距離は五五・九㎞、最短が六・〇㎞でした。歩いた距離別に日数をカウントすると、一〇㎞台から四〇㎞台までまんべんなく分布しているものの、平均値に近い二〇～三〇㎞台にやや集中気味の傾向でしょうか。

一日あたり二九・一㎞という歩行距離は、当時の一般的な男性の旅人と比べれば短いものです。しかし、この値を母の歩行能力として見るなら、女性の旅と比較する必要があります。

『西遊草』と近い時代に東北から伊勢参宮をした女性の旅日記も存在します。いくつかの旅日記から一日平均の歩行距離を割り出すと、文化一四（一八一七）年の『道中日記[15]』が二九・三㎞、文久二（一八六二）年の『参宮道中諸用記[16]』が二五・四㎞でした。このようにして見ると、『西遊草』が示す亀代の平均歩行距離は、当時の女性の旅としてはごく一般的な範囲に収まっていると言えるでしょう。

亀代は四〇歳でしたが、この年齢は当時の旅人の中ではどのように位置づけられるのでしょうか。一九世紀に観光旅行をした女性の記録から年齢を挙げると、東海道吉田宿の加藤みゑが五〇歳前後[17]、羽州鶴岡の三井清野が三一歳[18]、江戸神田の中村いとが三〇～四〇代[19]、松戸の大熊津ぎが五一歳[20]、高座郡淵野辺村の鈴木しのが五〇歳[21]、安達郡白岩村の国分ふさが四七歳[22]、東奥石川郡坂路村の坂路初が五八歳[23]など、年齢層は高かったようです。亀代はこの時代に旅をした女性の中では、若手の部類に入るのかもしれません。

日数の経過と歩行距離の関係

次に、日数の経過と歩行距離の関係をうかがってみましょう。表4－3は、『西遊草』の全行程一六九日間を一〇日単位で区切り、それぞれの平均歩行距離を算出したものです。表のうち、一〇一～一一〇日目は大坂に滞在中、一三一～一四〇日目と一四一～一五〇日目は江戸に滞在中の期間にあたり、歩行距離の計測対象ではないため「—」と表記しました。

時系列でみると、歩行距離が大幅に増減した傾向は見られず、旅の終盤に歩くペースが著しく落ちるようなこともありませんでした。清河八郎と亀代は、一六九日間に及ぶ長期間の道中で、一定のペースで歩き続けたことがわかります。それだけの持久力があったのでしょう。

表4－1　清河八郎の歩行距離の一覧

日付	出発地	宿泊地	歩行距離（km）
3月19日	清川村	清川村	｜
3月20日	清川村	鶴岡	20.9
3月21日	鶴岡	菅野代	｜
3月22日	菅野代	小俣	25.3
3月23日	小俣	猿沢	23.4
3月24日	猿沢	村上	7.8
3月25日	村上	中条	20.4
3月26日	中条	新発田	22.2
3月27日	新発田	新潟	23.4
3月28日	逗留	逗留	｜
3月29日	逗留	逗留	｜
4月1日	逗留	逗留	｜
4月2日	逗留	逗留	｜
4月3日	逗留	逗留	｜
4月4日	逗留	逗留	｜
4月5日	新潟	小島	11.7
4月6日	小島	湯田上	｜
4月7日	逗留	逗留	｜
4月8日	湯田上	三条	19.5
4月9日	三条	出雲崎	23.4
4月10日	出雲崎	柏崎	27.3
4月11日	柏崎	今町	41.4
4月12日	今町	新井	13.5
4月13日	新井	関川	26.2
4月14日	関川	善光寺	27.0
4月15日	善光寺	稲荷山	16.9
4月16日	稲荷山	刈谷原	33.2
4月17日	刈谷原	下諏訪	47.9
5月16日	善通寺	多度津	｜
5月17日	多度津	船移動	｜
5月18日	船移動	船移動	｜
5月19日	船移動	宮島	｜
5月20日	逗留	逗留	｜
5月21日	逗留	逗留	｜
5月22日	宮島	鞆津	｜
5月23日	鞆津	牛窓	｜
5月24日	逗留	逗留	｜
5月25日	牛窓	室津	｜
5月26日	室津	高砂	｜
5月27日	高砂	兵庫	19.5
5月28日	兵庫	西宮	19.5
5月29日	西宮	大坂	19.5
5月30日	逗留	逗留	｜
6月1日	逗留	逗留	｜
6月2日	逗留	逗留	｜
6月3日	逗留	逗留	｜
6月4日	逗留	逗留	｜
6月5日	大坂	京都	9.7
6月6日	逗留	逗留	｜
6月7日	逗留	逗留	｜
6月8日	逗留	逗留	｜
6月9日	逗留	逗留	｜
6月10日	逗留	逗留	｜
6月11日	逗留	逗留	｜
6月12日	逗留	逗留	｜
6月13日	逗留	逗留	｜
6月14日	逗留	逗留	｜
6月15日	逗留	逗留	｜
7月13日	水口	追分	48.3
7月14日	追分	桑名	17.9
7月15日	桑名	名古屋	26.2
7月16日	逗留	逗留	｜
7月17日	逗留	逗留	｜
7月18日	名古屋	赤坂	55.9
7月19日	赤坂	三ケ日	23.1
7月20日	三ケ日	掛川	43.0
7月21日	掛川	府中	46.6
7月22日	府中	吉原	39.0
7月23日	吉原	畑	47.3
7月24日	畑	藤沢	39.9
7月25日	藤沢	戸塚	19.4
7月26日	戸塚	江戸	41.2
7月27日	逗留	逗留	｜
7月28日	逗留	逗留	｜
7月29日	逗留	逗留	｜
8月1日	逗留	逗留	｜
8月2日	逗留	逗留	｜
8月3日	逗留	逗留	｜
8月4日	逗留	逗留	｜
8月5日	逗留	逗留	｜
8月6日	逗留	逗留	｜
8月7日	逗留	逗留	｜
8月8日	逗留	逗留	｜
8月9日	逗留	逗留	｜
8月10日	逗留	逗留	｜
8月11日	逗留	逗留	｜
8月12日	逗留	逗留	｜
8月13日	逗留	逗留	｜

4月18日	下諏訪	伊那部	33・1
4月19日	伊那部	市田	35・8
4月20日	市田	橋場	31・2
4月21日	橋場	竹折	29・6
4月22日	竹折	坂下	33・9
4月23日	坂下	名古屋	6・0
4月24日	逗留	逗留	―
4月25日	名古屋	四日市	38・9
4月26日	四日市	津	37・8
4月27日	津	伊勢	35・1
4月28日	逗留	逗留	―
4月29日	伊勢	磯部	15・8
5月1日	磯部	櫛田	23・4
5月2日	櫛田	平松	44・8
5月3日	平松	奈良	54・5
5月4日	奈良	宇治	19・5
5月5日	宇治	京都	―
5月6日	逗留	逗留	―
5月7日	逗留	逗留	―
5月8日	京都	大坂	―
5月9日	大坂	兵庫	39・0
5月10日	兵庫	長池	29・2
5月11日	長池	姫路	20・1
5月12日	姫路	三石	39・0
5月13日	三石	岡山	35・2
5月14日	岡山	船中泊	―
5月15日	船移動	善通寺	―
6月16日	逗留	逗留	―
6月17日	京都	観音堂	39・0
6月18日	観音堂	福知山	40・9
6月19日	福知山	宮津	18・5
6月20日	宮津	後野	―
6月21日	後野	才田	―
6月22日	才田	井沢	―
6月23日	井沢	神崎	19・4
6月24日	神崎	大坂	7・8
6月25日	逗留	逗留	―
6月26日	逗留	逗留	―
6月27日	逗留	逗留	―
6月28日	逗留	逗留	―
6月29日	逗留	逗留	―
6月30日	逗留	逗留	―
7月1日	逗留	逗留	―
7月2日	逗留	逗留	―
7月3日	逗留	逗留	―
7月4日	逗留	逗留	―
7月5日	大坂	京都	―
7月6日	逗留	逗留	―
7月7日	逗留	逗留	―
7月8日	逗留	逗留	―
7月9日	逗留	逗留	―
7月10日	逗留	逗留	―
7月11日	逗留	逗留	―
7月12日	京都	水口	51・7
8月14日	逗留	逗留	―
8月15日	逗留	逗留	―
8月16日	逗留	逗留	―
8月17日	逗留	逗留	―
8月18日	逗留	逗留	―
8月19日	逗留	逗留	―
8月20日	逗留	逗留	―
8月21日	逗留	逗留	―
8月22日	逗留	逗留	―
8月23日	江戸	大沢	23・4
8月24日	大沢	古河	33・7
8月25日	古河	宇都宮	47・5
8月26日	宇都宮	今市	26・5
8月27日	今市	日光	7・8
8月28日	日光	今市	7・8
8月29日	今市	大田原	―
8月30日	大田原	白河	29・8
9月1日	白河	郡山	39・1
9月2日	郡山	八丁目	31・7
9月3日	八丁目	板谷	―
9月4日	板谷	赤湯	36・1
9月5日	赤湯	山形	25・1
9月6日	山形	楯岡	27・2
9月7日	楯岡	清水	34・4
9月8日	逗留	逗留	―
9月9日	逗留	逗留	―
9月10日	清水	清川村	30・6

出典：清河八郎「西遊草」小山松勝一郎校注『西遊草』岩波書店、一九九三、一七一―五三四頁より作成

表4－2　清河八郎の歩行距離の傾向

日数（日）				歩行距離（km）				歩行距離別の日数（日）					
総日数	計測日数	距離不明	逗留	総距離	平均	最長	最短	一桁台	10km台	20km台	30km台	40km台	50km台
169	73	21	75	2127.3	29.1	55.9	6.0	6	13	21	20	10	3

出典：清河八郎「西遊草」小山松勝一郎校注『西遊草』岩波書店、1993、pp. 17–534より作成

清河八郎の距離感覚

『西遊草』の中には、清河八郎の距離感覚をうかがえる記述があります。四月一三日の歩行距離は二六・二kmでしたが、八郎は「新井より善光寺には十五里ならであらざれば、男子の足ならばその日の中にいたるべきに……」[24]と書きました。一五里（五八・五km）程度であれば、一日のうちに十分歩けると認識していたのです。旅行慣れした八郎にとっては、六〇km程度の歩行は造作もないことだったのでしょう。『西遊草』が示す最長歩行距離は五五・九kmでしたが、これは母の足を気遣った結果の数値に過ぎず、八郎本人はもっと長い距離を歩ける健脚の持ち主だった可能性があります。

しかし、亀代にとっては、五〇kmを超える歩行は難儀を極める行為でした。五月三日には、「此日道行十四里、辺鄙の所ゆへ、馬、駕籠も不仕用にて、母も大いにはたらき来れり。ゆへにつかるる事はなはだし。」[25]という記述があります。この日は一四里（五四・五km）を歩きましたが、辺鄙な土地で馬や駕籠も使えず、母はかなり疲労していたそうです。事実、『西遊草』の旅で五〇kmを超える距離を歩いているのは、僅かに三日間だけでした。

とはいえ、清河八郎も常に体力的な余裕があったわけではありません。七月一三日は、「今日如何成故やらくたびれはなはだしく、夜来一酔にたへず。」[26]と

あり、大好きな酒も飲みたくないほど疲労困憊な状態に陥っています。この日の歩行距離は四八・三kmで、前日には五一・七kmを歩いていました。この頃は二十四節気の「処暑」にあたり、今日で言えば八月中旬に相当する暑い盛りです。いかに八郎が健脚でも、真夏に連日の長距離歩行を決行することは、体力を著しく消耗する行為だったことがわかります。

八郎の意識は、一日に歩む距離だけではなく、累積の移動距離にも向けられていました。五月二一日、安芸の宮島や錦帯橋を巡って楽しむ母の姿を見て、「吾国を去る事凡三百五、六拾里、女子にてはとてもかなひがたき事なるべし。[27]」と綴りました。故郷からおよそ三五〇〜三六〇里（一三六五〜一四〇四km）も離れた土地まで旅することは女性には本来難しいことですが、母をここまで連れて来られてよかったと感慨にふけっているようです。

母の亀代は旅人としては高齢ではありませんでしたが、女性連れで長距離・長期間の日本周遊旅行に出ることがいかに大変だったのかが伝わってきます。

表４－３　10日毎の平均歩行距離

日数の経過（計測日数）	平均歩行距離(km)
１～10日目（７日）	20.5
11～20日目（３日）	18.2
21～30日目（10日）	30.2
31～40日目（８日）	28.5
41～50日目（６日）	35.1
51～60日目（３日）	31.4
61～70日目（３日）	19.5
71～80日目（１日）	9.7
81～90日目（３日）	32.8
91～100日目（２日）	13.6
101～110日目（０日）	—
111～120日目（７日）	38.0
121～130日目（６日）	38.9
131～140日目（０日）	—
141～150日目（０日）	—
151～160日目（８日）	27.0
161～169日目（６日）	30.9

出典：清河八郎「西遊草」小山松勝一郎校注『西遊草』岩波書店、1993、pp. 17–534より作成

3 難所をどのように乗り越えたのか

清河八郎の難所意識

ここでは、清河八郎の難所意識について見ていきます。まずは、八郎と同じく近世に東北から伊勢参宮をした男性の旅人たちが、どのような難所意識を持っていたのかを確認しておきましょう。

表4－4は、天明六（一七八六）年の『伊勢参宮道中記』[28]、寛政六（一七九四）年の『伊勢参宮所々名所並道法道中記』[29]、寛政一一（一七九九）年の『道中記』[30]、天保七（一八三六）年の『道中日記』[31]という四つの旅日記から、難所意識の記述を抜き出したものです。旅日記に綴られた記述を見ると、「山坂」「山中」「峠」などといった言葉が「難所」の意識と結びついています。東北から旅した人びとは、起伏のある山道を難所だと感じていたのでしょう。

次に、清河八郎本人の難所意識を見ていきましょう。表4－5は、『西遊草』の中から、八郎の難所意識が強く表現されている記述を抽出してまとめたものです。

記述を確認する限り、東北から伊勢参宮をした先人たちと同じように、八郎も傾斜のある山道の歩行を難儀に感じていたことがわかります。四月一三日は妙高山中の激しい起伏に難渋し、七月二三日は夜間に箱根の山越えを経験して命からがら宿場に辿り着きました。

しかし、八郎が記述した難所意識はそれだけではありません。四月九日は出雲崎付近で、四月二九日には磯部大神宮に参る途中で、道幅の狭さに困難を感じています。路面の状態も歩き易さを左右する重要なポイントでした。岩や石が転がる道、そして泥道も歩き難かったようです。このうち、路面の泥は雨天の影響によって生じるものでしたが、反対に天候に助けられた事例もあります。出雲崎〜柏崎間を歩いた四月一〇日は、「今日歴きたる道路、皆砂礫にして、殆ど路行の難義なる所なるを、天、幸にして近頃雨天つづきなれば、砂子沈んであゆむに至極よろしく……(32)」と記されました。本来は砂や小石で歩きにくい難所だったところ、雨天続きで幸いにも砂が沈んでいて、歩きやすい路面状態になっていたそうです。道中の天候は、時に難所をやわらげる役割を果たしていました。

八郎の難所の記述は、徒歩で移動していない日にも及びます。馬を雇って那須野ヶ原を移動していた時、アクシデントが発生します。夜間に大田原付近まで来たところ、「人馬とも大難苦、一歩をくるしみ、或は泥にまろび、或は転覆、又は馬の荷をくつかへし、難苦いわんかたなく……いづれも総身泥にしみ……(33)」とあるように、八郎たちは雇った馬もろとも全身泥だらけで難路を通過しました。原因は、やはり路面の状態です。八郎が、「馬方の奴の為に、いまだ道普請も成就せぬ所あゆみし難義は、忘るべからず。(34)」と書いたように、馬方が案内したのは道普請が整っていない道路でした。

ところで、難所意識が表出された日の歩行距離を見ると、いずれも一定の距離を歩いていることがわかります。そればかりか、平均値(二九・一㎞)を大きく上回る距離を歩いた日もありました。八郎にとって、難所は歩行距離を大きく短縮させる要因ではなかったのです。

清河八郎と母の亀代は、難所を目の前にしても長距離を歩き通すことができる逞しい歩行能力と精

表4－4　東北地方の庶民による道中の難所意識

場所	難所を示す記述	史料
角館付近	「此所より山坂難所なり、人相頼（あいたのみ―翻刻者注）山越え仕り候」	④
生保内付近	「山坂大難所なり」	④
箱根山中	「畑より此所（箱根関所―引用者注）迄山坂大難所なり」	④
	「此間大難所なり」	③
	「此間　少々之小宿阿り　東海道第一之難所なり」	①
	「これより大難所所々に甘酒、菓子あり」	②
小夜中山	「この間難所なり」	②
秋葉山中	「是より秋葉越　鳳来寺迄難所」	①
	「この所より大難所」	②
	「此間大難所なり」	③
	「此間、大難所扨扨難儀仕候」	③
	「山中、在郷也、宿有、山坂難所也」	④
	「四十八せ川難所」	①
	「この所より少し行き四十八瀬本街道出水の節山かけごえの大難所なり」	②
	「この間大難所故、天龍川舟渡し十八文」	②
	「夫より行者越大難所也　よはき人　堅無用」	①
	「二十五丁目に行者戻しの大難所、（中略）観音三社御立ち大難所、我等共登り申さず」	②
	「此辺　船ニハ堅無用　坂三ツ有　大難所也」	①
伊勢付近	「この間に馳せこす道あり悪しく候間月本まで戻り伊賀越へなさるべく候」	②

松坂付近	「この所少し行き伊賀越への道の追分あり。この道悪しく候間月本まで戻り申すべく候」	②
多武峰～千股	「これより大難所なり」	②
長島～三浦	「此辺　船ニハ堅無用　坂三ツ有　大難所也」	①
尾鷲付近	「此辺坂難所也」	①
小雲取峠	「小雲通り峠　大難所也」	①
高野山付近	「高野越十八里難所」	①
	「夫より少行て難所阿り」	①
	「それより四十八曲り不動坂大難所なり」	②
比叡山付近の八瀬麓	「この所八ツ下りなり候はば御山登り相控へ申すべく候大難所なり」	②
上市～滝畑	「此間　峠壱り誠ニ難所也」	①
細久手～大久手	「山中悪敷道也」	①
馬籠～妻籠	「山坂谷道難所なり」	①
妻籠～三留野	「大山坂谷道難所」	①
刈谷原峠	「かに原峠難所也」	①
麻積付近の猿が馬場峠	「さるか姥（嫗）と申坂上下二里難所也」	④
女鹿付近の三崎山	「その石坂大なん所、大師と言う」	④
長野付近	「此間ニ難所八丁ばかり間なり」	③
立峠	「此間にたぢ峠有、雨風にて扨扨難儀仕候」	③
細尾峠	「此間峠大難所成、喰物心かけべし」	③

出典：①大馬金蔵「伊勢参宮道中記」、②著者不詳「伊勢参宮所々名所並道法道中記」、③残間庄吉「道中記」、④黒沢佐助「道中日記」より作成

表4－5　清河八郎の難所意識

日付	移動区間	歩行距離（km）	難所を示す記述
3月27日	新発田～新潟	23・4	「此間泥甚だしく一歩もゆるがせ（油断―引用者注）に進むべからず。」
4月9日	三条～出雲崎	23・4	「行さき山間に入りて、それまでの中、田間をうがち、細道にて滑泥甚しく、一歩もゆるがせにすべからず。」
4月13日	新井～関川	26・2	「谷の上いづれも同じ平地なれども、谷底に深き渓水流れあれば、げにもにらみあふのみにして、夫に越べき術なからん難所なり。谷底までくだり、また谷の上にのぼる労苦をなせり。」
4月19日	伊那部～市田	35・8	「石地にして殊にあゆみあしく、……いわゆるごま石多くして、底を登降する、頗る労あり。」
4月20日	市田～橋場	31・2	「坂壱里ばかりして、草木老しげり、一入難義の道なり。」
4月29日	伊勢～磯部	15・8	「磯部大神宮には五拾丁道二里半の降り坂なり。その道誠にせまく、二人のならぶ事ならぬありさまにて、左右より草木生ひしげり、風を透さず。熱する事をびた〔だ〕しく、流汗背をうるをしぬ。殊に岩がところすぎ、一足も油断ならぬ道にて、降坂といひながら誠に心配にて、まれなる難道なり。」
7月23日	吉原～畑	47・3	「いただきにいたりし頃、最早くらく相成、真急にて寸歩も油断相成らず。自然とさきくらく、心もいそぎけれども、さりとて走る事も相成らず、大難義にて直にあやうき思ひをなし、暮かた過ぎて、漸く畑迄にいたるに、……労れ甚し。……近頃まれなる危き道なりき。」

出典：清河八郎「西遊草」小山松勝一郎校注『西遊草』岩波書店、一九九三、一七一―五三四頁より作成

神力を持っていたと言えるでしょう。

関所の通過

路面の状態とは別に、女性連れの旅人たちを悩ませた難所があります。序章で述べたように、徳川幕府は治安維持のために街道の要衝に関所を張り巡らせていました。原則として、遠隔地へ旅するには往来手形（身分証明書）と関所手形（通行証）の準備が必要です。男性は無手形でも関所を通過できる場合が多々ありましたが、女性は関所手形がなければ正面をきって関所を通過することは許されませんでした。

ところが、『西遊草』は抜け参りの旅でしたので、手形は準備していません。八郎は無手形でも不都合はなかったはずですが、女性の亀代はそういきませんでした。いったい、八郎と亀代は、どのようにして関所という障壁をくぐり抜けたのでしょうか。

全国各地を遊歴した経験から、旅慣れた八郎は、無手形の女性が関所を通過する方法も心得ていました。一行が最初に越えたのは、鉢崎関所（現在の新潟県柏崎市）です。八郎が「鉢崎の関所あり。下りの婦人をあらため、判なきものは決して通さぬとぞ。[35]」と記したように、ここは下りの旅をする女性だけをチェックしていたため、上りの旅人にあたる亀代は難なく通過できました。

次に差し掛かった関川関所（現在の新潟県妙高市）は、女性を通さないと噂されていました。ここで、最初の関所破りを決行します。「宿の案内にしたがひ、関所の下なるしのび道をいづる。暗くし

図４－２　『木曽海道六拾九次』に描かれた福島関所

出典：歌川広重『木曽海道六拾九次之内　福しま』錦樹堂、1835～37、国立国会図書館蔵

てまことにやすからぬ細道なり。三丁ばかりしのびて関所の門前より柵木をぬけ、橋をわたり、本道にいづる。[36]」と綴られたように、宿屋の案内で早朝に関所の下の忍び道を通り、関所門前の柵木を抜けて通行しています。

　無手形の女性が密かに関所を通行したり山越えをする関所破りは、摘発されればその場で磔にされかねない大罪でした[37]。にも関わらず、八郎たちの関所破りが宿屋の従業員の手引きで行われたのは興味深い事実です。関所付近の宿屋が女性を密かに通行させるビジネスを展開していた実態が透けて見えてきます。もちろん、柵を抜ける女性が「発見」されないように、関所側と結託して番人にも分け前を渡していたことは想像に難くありません。

　続いて、行く手には福島関所（現在の長野県木曽町）が立ちはだかっていました。今度は、福島関所を迂回して脇道を通行することで、合法的に関所を回避する作戦に出ます。一行は善光寺参詣後に金沢を訪問する予定でしたが、「松本より壱里さきの村井といふ駅より仲山道となり、岐蘇道に入るなれども、福島の関所ありて女人を通さぬゆへ、塩尻にいで下道といふ伊奈郡を女人の往来とする也。[38]」とあるように、予定を変更して木曽路に入り、福島の関所を迂回するルートを選びました。

福島関所を避けた脇往還にも初瀬（市瀬）関所（現在の長野県飯田市）がありましたが、「初瀬の関を越る。女人を通さぬ処にて、関のわきを抜いづる也。一体女人道の事ゆへ、唯名のみにして、関所を眼下に見落しながら通るなり。[39]」と記されているように、八郎たちは脇道から堂々と関所を抜けています。

東海道では新居関所（現在の静岡県湖西市）の手前で、「女人の関所あるゆへ、下街道を行なり。[40]」と、迂回路を選択しました。ここには気賀関所（現在の静岡県浜松市）があり、一行はまたしても関所破りを行います。その方法は、「気賀といふに新井のうら番所ありて、女中をあらため通さず。故に多くは此所より舟をやとひ、入海をしのび乗して呉松といふところにいたるなり。[41]」と書かれた通り、夜中に船で浜名湖を渡ることでした。

関所破りの模様は、「九ツ過に舟頭至りて、舟を漕いだす由故、いづれも目をさまし、食事をととのへ、静に舟にいたる。屋根もあらざる小舟にて、天を仰ひで星宿をながめ、海波寂々としてさらに凄々たり。[42]」と綴られました。やはり、関所破りの斡旋業の存在が見え隠れします。このエリアでは、女性の関所抜けが横行していたことにより、その弱みに付けこむ荒稼ぎが行われていました。八郎母子も、船頭から高額を吹っ掛けられています。[43]

この四日後には、箱根関所（現在の神奈川県足柄下郡箱根町）まで辿り着きました。箱根関所は最も厳しい関所改めで知られていましたが、八郎は「天下第一の関門なり。女中は上りをあらため、手形なくばとても通さず。されども下りはただ断るのみなり。[44]」と記します。箱根関所では、江戸から出て行く「上り」の女性を厳格に取り締まりましたが、『西遊草』のルートは江戸観光を帰路に回し、逆に江戸に入る「下り」側になったため、亀代も「ただ断るのみ」で合法的に正面から通行できたというわけです。箱根関所を無事に越えた八郎は、「関を越ると間もなく人家あり。窃に関所の往来人を助る所とぞ。[45]」と記し、周辺の民家が関所通行の斡旋業を担っていたことを確認しています。

日光街道には栗橋宿付近に房川渡中田関所（現在の埼玉県久喜市）がありました。ここでは、「栗橋は公儀関所ありて、婦人をとふさず。故に壱里ばかり手前より少しく右に入りて、筑波海道を入り、利根川を越。女人は百文ヅツ也。[46]」とあり、一〇〇文の案内賃で利根川を渡り、無事に関所を越えています。

このように、清河八郎母子は非合法な関所破りを繰り返しましたが、彼らに限らず、近世後期に無手形の抜け参りをする女性の間では、関所破りが常態化していたそうです。[47]

『西遊草』の旅では、母の亀代が無手形だったために関所を迂回するルートを選択するケースが見られましたが、関所手形の発行手続きが煩雑だったことを思えば、こうした配慮は女性の旅に付き物だったと考えてよいでしょう。女性連れの旅が、いかに関所から制約を受けていたのかがよくわかります。歩く距離やペースにしても、おそらく旅人の歩行能力以上に、関所の位置関係に左右されていたと言わなければなりません。

ただし、関所は女性にとって旅の障壁だったのと同時に、道中の治安を維持するための装置でもありました。女性の旅が街道筋の安全性を基盤に成り立っていたとすれば、女性が全国各地を歩き回るためには、関所の存在もまた必要不可欠だったのです。

4 旅の名物

道中で名物を食べ歩くことは、近世の旅の醍醐味でした。生ものを腐らせずに故郷まで持ち帰る保存技術や交通手段がない時代、各地に伝わる名物は現地に行かなければ食べられない希少価値を持っていたのです。

清河八郎が旅をした近世後期には、多くの旅行ガイドブックが出回っていて、中には道中の名物を紹介する書物もありました。例えば、弘化五（一八四八）年刊行の『旅鏡』(48)には、東海道と中山道の街道事情が詳述され、その中には各地の名物も紹介されています（表4-6）。

筆まめな清河八郎は、道中で食べた名物も丹念に記録していました。表4-7は、「名物」という言葉と結びついて記述された食品の購入履歴です（文中の太字は筆者）。

これによると、八郎は各地でたくさんの名物を食べています。『旅鏡』に紹介された名物と一致するものも少なくありません。八郎は京都滞在中に、「三条通より寺町にいたり、『都名所図会』をもと

表4-6 『旅鏡』で紹介された道中の名物

東海道	
宿場	名物
小田原	鰹のたたき、梅漬け
箱根	山椒魚、鱒
原	鰻
吉原	栗の粉餅、富士の芝海苔
由比	鮎、鮑、さざえ
江尻	寿司
府中	餅
鞠子	とろろ汁、十だんご
藤枝	染飯
金谷	菜飯、でんがく、飴、餅
袋井	うどん、そば切り
新居	鰻
吉田	甘酒
岡崎	蕎麦
知立	鳥吸い物、田楽、鰹
桑名	白魚、焼き蛤
四日市	饅頭、日永餅
関	野老鯰
坂の下	飴
土山	田村川（酒）、いもかけどうふ、甘酒、焼き鳥
水口	心太（ところてん）
石部	田楽
草津	姥が餅、源五郎鮒、瀬田蜆
大津	餅

中山道	
宿場	名物
蕨	焼き米
奈良井	ぶどう
藪原	そば切
上松	そば切
太田	枝柿
醒ヶ井	醒ヶ井餅、小鮎
愛知川	一涙茶
守山	姥が餅

出典：紫山加治編『旅鏡』奎文房和泉屋半兵衛、一八四八、国立国会図書館蔵より作成

表4－7　清河八郎が食べた名物

日付	移動区間	名物の記述
4月9日	三条～出雲崎	「**餅**の名物あり。姥のすすめにていづれも食らわれ『旨き』とやら申間候えども……」
4月13日	新井～関川	「いと景色のよろしき休らひ所にて、名物の**ささ餅**などをくらひいづる。」
4月25日	名古屋～四日市	「名物の**やき蛤**をくらひ……」
5月7日	京都に逗留中	「門前の茶店に休ひ、名物の**壱文餅**などくらひ」
5月27日	高砂～兵庫	「午頃なるゆへ**うどん**を食ふ。まこ〔と〕に当所の名物とやらにて、旨く覚ゆ。」
6月11日	大坂に逗留中	「名物の**源五郎鮒**を割烹いたさせ、悠然として酒杯をもてあそび、また**鰻**をくらひけるに食ふにたらぬ味なり。」
7月12日	京都～水口	「草津にいたり、世にいわゆる**姥の餅**の茶店に休息いたす。餅は至て疎忽なれども、名高き茶店にて、毎日人々群集いたす事をびただし。」
7月20日	三ケ日～掛川	「見付の宿もよろしき所にて、地震にも格別いたまず、盛なりき。**うなぎ**の名物あり。」
7月21日	掛川～府中	「日阪にて名物の**わらび餅**を食ふに、誠に銭費しにて喉をけがすのみなり。」「山中の立場にて、名物の**あめの餅**をあきのふ茶店も多くありて、……」「まり子駅にて名物の**とろろ汁**を以て食事をなすに、名物にてはめづらしきうまき事なりき。」
7月22日	府中～吉原	「或店に休ひ、名物の**さざえのつぼやき**、**あわびの貝烹**等くらひ、午食をいたす。」
7月23日	吉原～畑	「間の宿にて江戸やなるものに休らひ、名物の**うなぎのかばやき**をくろふ。」
7月25日	藤沢～戸塚	「江の島は**さかな**の名物にて、景色のみにあらず。」
7月26日	戸塚～江戸	「茶店壱軒あり。名物の**蛤り**を食ふ。」
8月24日	大沢～古河	「茨村を過ぎて、ある茶店の名物なる**泥鰌じる**なる茶やにて午食をなす。」「利根川の土手にいたる。しばらく行て、**粟餅**の名物あり。」
8月30日	大田原～白河	「名物の**餅**もあがのふ。」
9月1日	白河～郡山	「弁天の**泥鰌**名物にてひるめしを用ひ…」
9月2日	郡山～八丁目	「茶店あり。**納豆餅**の名物なり。」

出典：清河八郎「西遊草」小山松勝一郎校注『西遊草』岩波書店、一九九三、一七―五三四頁より作成

める。」[49]と記し、旅行案内書として有名な『都名所図会』[50]を買い込んで京都見物に活用していますので、道中の名物をあらかじめチェックしていた可能性もありそうです。

八郎が食べた名物は、各地の風習に応じて調理した餅、うどん、魚介類でしたが、表中には実際に食べた感想を伝える文面も見られます。評価の高い名物もある反面、「食ふにたらぬ味なり。」（六月一一日）、「餅は至て疎忽なれども」（七月一二日）、「誠に銭費しにて喉をけがすのみなり。」（七月二一日）などと酷評が目立っているのは面白い事実です。世に知られた名物だからといって、それを口にしたすべての旅人の舌を満足させるものではないという現実は、今も昔も変わりません。

図4－3は、『東海道名所図会』[51]のうち、草津宿の名物だった姥が餅の販売店を描いた挿絵です。有名店だけあって、かなり豪華な店構えでした。店先には、入店しようとする女性の旅人がいて、店内には椅子に腰かけたり、駕籠の中で待つ女性客の姿もあります。

清河八郎もこの界隈の店に立ち寄り、「名高き茶店にて、毎日人々群集いたす事をびただし。」と繁盛ぶりを書きました。八郎と亀代も、この絵のように姥が餅を食べたのでしょう。

旅の世界に失敗はつきものです。清河八郎も例外ではなく、食事にまつわる失敗談を日記に書き残していました。

四月一一日には、青海川を越えた先で、「餅は山を登りきたりし故にや至て旨く、我も壱盆傾け、あまり満腹して苦しみにたへず。可笑の甚き也。」[52]と記し、峠を越えた達成感で餅を食べ過ぎて苦しい思いをしたことを面白おかしく伝えています。

図４－３　『東海道名所図会』に描かれた姥が餅の販売店（下は拡大図）

出典：秋里籬島編『東海道名所図会　巻之二』小林新兵衛、1797、国立国会図書館蔵

四月一四日には、野尻で「是そばの名所なれども、早朝なれば食ふによしなく、いたづらにいこひ居りぬ。(53)」とあるように、名物のそばを楽しみにしていましたが、早朝で営業前だったので願いは叶いませんでした。同じく、七月二一日も、府中に着いた頃には安倍川餅を売る店が閉店後でありつけず、「阿部川餅の名物あれども、暮けれ〔ば〕食ふ事ならず。(54)」と書きました。

五月二六日は、檜笠山の峠の茶屋で今日で言うぼったくり詐欺に遭いました。事の顛末を八郎に語ってもらいましょう。

「吾等あまり炎熱にくるしみ、砂糖水を飲しに、遂失念して、あとより価を問ひしに、壱杯弐拾文づつといふ。皆々あきれはてたり。わづかのあたひをいとふにあらざれども、天下あに弐拾文の砂糖水あらん。(55)」

あまりの暑さに値段を聞かずに砂糖水を注文して一気に飲み干したところ、一杯二〇文だと吹っ掛けられ、一同で呆れ果てたと言います。八郎は続けて、「是又旅中心得の一事、いささか記しをく也。(56)」と書き記し、この出来事を旅の教訓として受け止める余裕を見せました。こうした失敗談も含め、八郎母子は道中の旅グルメを存分に満喫していたようです。

5　土産物の購入と配送

道中で何を買ったのか

女性連れの旅の特徴なのか、『西遊草』には道中で買い物をした形跡が頻繁に見られます。表4－8は、土産物を買い込んだことがわかる記述を取り上げて一覧にしたものです（文中の太字は筆者）。表によると、特に都市部に滞在中は、土産物を買い求める傾向にありました。廉価な土産物だけではなく、呉服や雛人形など、高額な品々も物色して買い漁っています。名古屋では瀬戸物がよほど気に入ったのか、家紋入りの食器を注文しました。江戸の越後屋本店で呉服を買った際には上客と見なされたようで、店の二階に通されて酒食を振る舞われています。

文中の記述を見ると、呉服は「二両弐分」「七両」、鳴海絞りは「三両余分」、剣術道具は手付金だけで「二両」などと、とてつもない金額を豪快に使っています。経済力のある斎藤家の人間ならではの大盤振る舞いです。

土産物の金額もさることながら、購入する分量も桁違いでした。備前焼の瀬戸物を「百五拾枚」、風呂敷を「大小百枚」、土瓶を「六十」など、仕入れ業者も顔負けの大量購入です。実家の商売道具の買い付けも兼ねていたのでしょうか。当然、これだけの量の土産物を持ち歩いていては、一日に三〇km平均の距離を歩けるはずもありません。八郎と亀代が、購入した土産物をどのように運んでいた

表4－8　清河八郎が購入した土産物

日付	移動区間	土産の記述
3月29日	新潟に逗留中	「午ころよりいづれもともに町中をまわり、**瀬戸物**を求め、あらかじめ土産の心得をなす。」
4月27日	津～伊勢	「櫛田**多葉粉入**の名物にて、本家井筒や尤ともよろしきなり。」
4月29日	伊勢～磯部	「朝熊岳本家の**万金丹**を製する店にいたり、薬を求とむ。幽静の所にあれども、手堅き家作りなり。日本万金丹の宗本家、人のしるところ也。」
5月13日	三石～岡山	「伊部村にいたる。是れいわゆる**備前焼瀬戸**のいづる処にて、中にも仕入れのある木村長十郎という家にいたり、いろいろ見物いたし、小ざら百五拾枚ばかり求とめ、大阪に廻させぬ。」
5月21日	宮島に逗留中	「名物の**木綿ちぢみ**、また**松金油**などもとめ、…」
6月1日	大坂に逗留中	「唐物店中西某なるものにて**唐紙**壱本、**貢紙**壱本もとむる。」「本願寺前にて**風呂敷**や播磨やなるにて、大小百枚ばかり求とむ。」「心斎橋通大丸屋にいたり、**呉服**もの二両弐分ばかり求とむ。さらしまた織もの類、中にも安直にをぼゆ。」
6月7日	京都に逗留中	「**清水焼の瀬戸物**求め…」
6月13日	京都に逗留中	「吾も栗田のかたへ行、名物の**瀬戸もの**買入、土瓶六十ばかり求とむ。至て廉なるもの也。」
6月16日	京都に逗留中	「扇子や某にいたり、いろいろひさぎ求め、還りて母をともなひ**風呂敷**を求とめ、また五条にいたり**雛人形**をあがなひ…」
6月19日	福知山～宮津	「**紬**壱匹求とむ。」
6月23日	井沢～神崎	「**竹細工**の名物あり。商人群がり来りすすむる、至て廉直なるものなり。」

6月27日	大坂に逗留中	「岩城屋にて**立津帛**を求とむ。三井、岩城、大丸などは呉服店の高大なるものにて、何かたにも見世をひらき、江戸また大阪は別段盛なる店なり。」
7月16日	名古屋に逗留中	「兼て注文いたしをきたる吾家**定紋付の瀬戸類**、不残出来いたし、殊に美事にあがれり。……なら茶碗、茶碗、水呑、盃等なり。あたひも至て廉直なる事、思ひの外なり。」
7月18日	名古屋〜赤坂	「世にいわゆる**鳴海絞り**のいづる所有松村にいたる。絞り屋は拾七、八軒もあらん。…我家大人先年いたりし時よぎりし外吉なる家にいたり、三両余分もあがなひ…」
8月2日	江戸に逗留中	「我は芝神明のひかげ町にいたり、**剣術道具**や松田やなる家にいたり、都合道具二通りばかり注文いたし、手付金二両さしをく。」
8月5日	江戸に逗留中	「浜をいざなひ、母ともに駿河町の越後や本店に至り、**呉服**類七両分ばかり求とめ、午頃迄手間取、越後やの馳走にて二階にのぼり、酒食をいたす。」
8月7日	江戸に逗留中	「名物の梅やしき焼とて**墨田川焼**といふ瀬戸類をあきのふ。至て風雅なり。土産に五、六ツあがのふ。」
8月18日	江戸に逗留中	「**剣術道具**を求んために、浅草より、上野下より、明神下にいたり、帰る。」
9月4日	板谷〜赤湯	「町中の呉服店甲州やなるものにいたり、産物の**糸織帯地**等二両余分、相求るに、格別の事はあらざれども、相応に廉直なる事なり。」

出典：清河八郎『西遊草』小山松勝一郎校注『西遊草』岩波書店、一九九三、一七―五三四頁より作成

のかは、後で詳しく述べることにしましょう。

しかし、いくら金に糸目をつけない旅だからといって、手当たり次第に土産物を購入したわけではありません。五月四日には「三笠山、手向山の辺にいで、名産の南部墨また鹿角の細工などの店を見るに、いづれも求むるにたらぬものなり。[57]」と記され、名産品を売る店舗を見て回りながらも購入には至っていません。同じく、五月一四日は「小倉縞の名産にして、ままあきなひ店あれども、疎品にして求むにたらぬものなり。[58]」、六月一九日は「丹州名物の縮緬あれども、至て麁相なるものにて、求るにたらず。[59]」とあり、購入するには足らない品だと判断しています。金額で二の足を踏むことはありませんでしたが、八郎の品質チェックの目はかなり厳しかったようです。

ところで、『西遊草』は清河八郎が書いた旅の記録ですが、八郎と亀代が別行動をしているケースでは、母の行動は記録されていません。土産物の購入に関して言えば、八郎と別行動をしている際に亀代が現地の名産品を物色しに繁華街へ繰り出したケースもありました。従者の貞吉がつけていた『道中安全記』という金銭出納帳によると、新潟滞在中の三月二七日、八郎が女郎遊びにふけっている間に、母は瀬戸物や絹製品などの買い物を楽しみ、瀬戸物と絹類の購入費として三両を注ぎ込んでいます。[60]

しかし、この出来事は『西遊草』には記されていません。したがって、八郎と亀代の別行動までカウントすれば、表4－8に掲載した品物より遥かに多くの土産物が購入されていた可能性もあります。八郎母子の伊勢参宮は、買物三昧の旅だったと考えてよいでしょう。

荷物はどうやって運んだのか

八郎と亀代が、購入した大量の土産物を運ぶために利用したのは、荷物の輸送を担う業者でした。表4－9は、『西遊草』に見られる荷物輸送業者の利用履歴です。四月二日、四月二四日、五月一日の記述は、泊まっていた宿屋に依頼して土産物や嵩張る荷物を輸送した事例です。特に五月一日は、伊勢付近から「京師筑前や」（京都の筑前屋）という宿屋に荷物を送っていますが、これは事前の宿泊予約も兼ねていたと思われます。京都の宿屋は、伊勢まで出張して旅人たちの荷物を京都まで運搬することで、京都に足を運ぶ旅人たちの宿泊先を早々に確保する巧みなビジネスを展開していたからです(61)。京都の六角堂前に旅館を構えた筑前屋は、宿泊、輸送業のほかに京都観光案内も手掛ける総合的な旅行業者でした。

八郎が直接業者に依頼することもありました。六月三〇日、八郎は大坂堺港の「和泉や宗兵衛」という荷役問屋に依頼して、山形の酒田港の大問屋「今藤や」に土産物を含む荷物を輸送しています。荷役問屋同士での荷継ぎの制度が機能していた様子がわかります。また、七月一七日と八月一六日の記録は、八郎が飛脚に頼んで荷物や手紙の類を江戸や郷里に輸送した事例です。

五月一三日と七月一八日の記述からは、土産物を購入した店舗から直送する仕組みがあったことがうかがえます。特に、七月一八日は鳴海絞りを大量購入して江戸馬喰町の「大松や」への配送を依頼していますが、かつて八郎の父親が同じ店に立ち寄っていたため、お得意さんの扱いで送料無料のサービスを受けました。

表4－9　清河八郎が利用した荷物輸送サービス

日付	出発地	荷物輸送の記述
4月2日	新潟に逗留中	「故郷へ書状を送らんとて宿の主人に相託す。且加茂廻の瀬戸ものなども相頼、……」
4月24日	名古屋に逗留中	「不用の衣服を二包にいたし、壱ツは江戸の三河町松尾屋まで、壱ツは京師帯屋まで、いづれも紙面をそへ、近江屋より飛脚屋小島とやら申ものにたのましむ。」
5月1日	磯部～櫛田	「午食等とゝのへ、荷物等京師筑前やの方におくり、八ツ半頃に出立す。」
5月13日	三石～岡山	「小ざら百五拾枚ばかり求とめ、大阪に廻させぬ。」
6月30日	大坂に逗留中	「堺筋西淡路町の和泉や宗兵衛なるものにいたりて、国元へ荷物降積の事をたのみ入。……荷物は花やかたへ差置し故、和泉や方へ受取、梱りなをし、酒田みなとの今藤やなるものに送らしむる積に約す。」
7月17日	名古屋に逗留中	「瀬戸ものを持する故、荷物の不用なる分、弐貫百五拾目及壱貫目ばかりの弐包を、伝馬町の小島やなる飛脚に持せ遣し、江戸馬喰丁の大松や迄をくる。」
7月18日	名古屋～赤坂	「絞り屋は拾七、八軒もあらん。……我家大人先年いたりし時よぎりし外吉なる家にいたり、三両余分もあがなひ、江戸馬喰丁の大松やに送らしむ。先年至り〔し〕時の我家名、ひかへありき。得意の家とて、江戸賃はとらざりき。」
8月16日	江戸に逗留中	「明後日飛脚の降るゆへ、荷物壱包相たのみ、且書状を家人にをくり、廿二日頃に発足せん事をしらし遣す。」

出典：清河八郎「西遊草」小山松勝一郎校注『西遊草』岩波書店、一九九三、一七―五三四頁より作成

近世後期には全国的な交通網が形成され、運搬業も確立されていたために、八郎母子は土産物を含む大荷物の持ち運びから解放され、身軽な旅姿で道中を歩くことができたのです。

街道筋では、手荷物を一時的に預かるビジネスも展開されていました。『西遊草』の記述を引き合いに出すと、五月一五日は「備前やなるにて午食をいたし、荷物をあげをき、参詣する。[62]」とあり、昼食をとった施設（備前屋）に荷物を預け、善通寺に参詣しています。また、五月二一日の宮島では、「荷もつを舟中にさしをき、手軽して五拾丁ばかり山間に入りて、岩国城下にいたる。[63]」と綴られ、船に手荷物を預けて「手軽」な状態で岩国観光ができました。

八郎は、金銭の送金・受領システムも利用していました。八月六日、江戸滞在中に「墨附を遣し、文蔵殿のかたより、三井弥吉かたより為替金の拾両を受取る。[64]」という記述があります。母の実家「三井弥吉」から一〇両の「為替金」を受け取っているのです。

金銭の送金には為替が用いられましたが、金を受領するために必要なのが「墨附」で、印板とも称されました。『旅行用心集』に記された旅の必需品の中には、「印板」が挙げられています。同書の説明書きを読むと、「是ハ家内へ其印鑑を残し置　旅先ゟ遣ス書状に引合せ　又金銀の為替等にも其印を用ゆる為の念なり[65]」と書かれたように、印鑑証明のように使って金銭や手紙を受取る仕組みでした。為替を利用すれば、旅費の総額を持ち歩く危険性から解放され、歩行の観点からもメリットがありました。

ここで述べたような諸産業の発達は、八郎母子の身軽な旅を実現した大きな要因でした。清河八郎と亀代の長距離歩行は、個々の歩行能力の高さだけではなく、社会的なインフラの整備に支えられて成り立っていたことを忘れてはなりません。

6　旅の道中で何を見て楽しんだのか

『西遊草』は観光旅行の記録なので、道中の行く先々でさまざまな事物を見て楽しんだ様子が溢れています。以下では、清河八郎と亀代の目を特に楽しませた、芝居見物、歓楽街の遊興、祭礼見物、寺社参詣を取り上げましょう。

芝居見物

母の亀代が最も好んだのが芝居見物です。都市部に滞在中には必ずといってよいほど観劇に出掛けています。亀代は、大坂では道頓堀などで二日間、名古屋では若宮神社で二日間、江戸滞在中は猿若町や両国などで四日間も芝居小屋に通い詰めました。

名古屋の若宮神社境内で行われた芝居では、次のようなエピソードがあります。清河八郎はもともと芝居見物を毛嫌いしていて、馬鹿らしいとすら思っていましたが、芝居好きの母の付き添いで歌舞伎を観劇したところ、ことのほか面白かったと書いています。歌舞伎にハマった八郎は、翌日も母を誘って同じ演目の歌舞伎を見に行きました。(66)

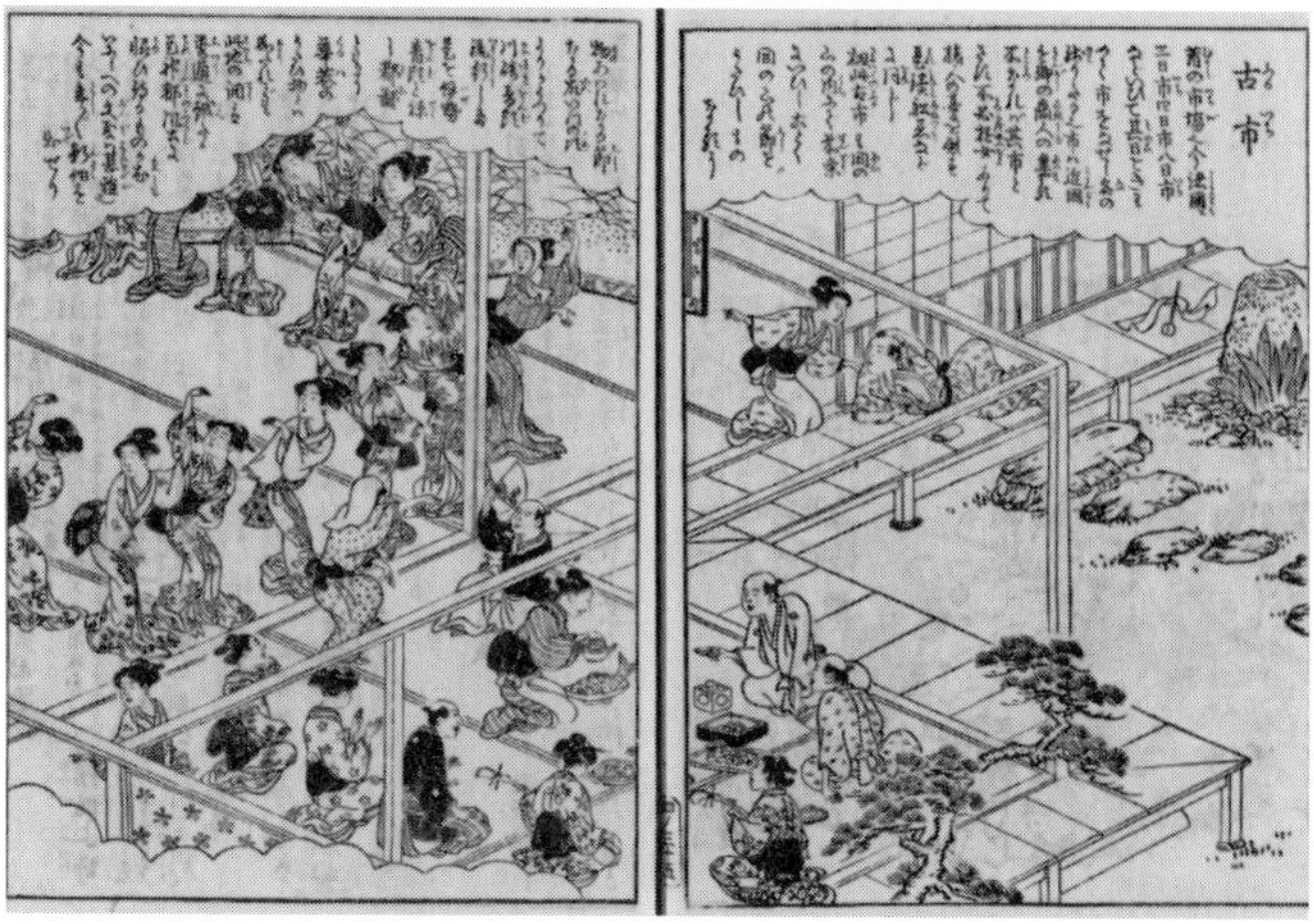

図４－４　『伊勢参宮名所図会』に描かれた古市の伊勢音頭

出典：蔀関月編『伊勢参宮名所図会　巻之四』塩屋忠兵衛、1797、国立国会図書館蔵

歓楽街での遊興

清河八郎が熱を上げたのが、歓楽街での遊興です。出立から一〇日と経たないうちに、新潟の遊郭に出掛けて遊び歩いています。よほど新潟の妓楼が気に入った様子で、母をほったらかして女郎遊びに四日間を費やしました。江戸では夜な夜な吉原に出掛け、観光地でもあった天下一の遊郭を存分に楽しみました。

遊郭の中でも、八郎が目を見張ったのが伊勢の古市です。古市では、遊女たちが踊る伊勢音頭が観光旅行者の集客を見込んだ名物になっていました。八郎も母を連れ立って油屋という老舗の遊郭で伊勢音頭を見物し、「案内を連、古市の大楼あぶらやに至、伊勢音頭を一覧いたし、四ツ頃帰り臥す。[67]」と記します。「座敷など美事なり。[68]」と、油屋の美麗な店構えに感激しました。

図４－４は、『伊勢参宮名所図会[69]』に掲載され

た古市の伊勢音頭を描いた挿絵です。訪問客たちが、酒を飲みながら遊女たちの伊勢音頭を観覧する姿があります。

伊勢音頭を見た八郎は、「遊観にいたるものは、必らず見るべきをもしろき踊り、三都とも見られぬ奇妙の見物なり。[70]」という感想を綴り、三都では見ることのできない必見の魅力があると高く評価しました。

祭礼見物

清河八郎の旅行計画には、京都での祭礼の見物も組み込まれていました。

五月一日は、伊勢付近にもう一泊することも頭をよぎりましたが、「五日の競馬祭」（賀茂神社で毎年五月五日に開催される競馬の祭り）に間に合わせるために先を急ぐことにしたそうです。[71] その後、五月二日には四四・八㎞、五月三日には五四・五㎞と、平均を大きく上回る距離を歩き続けました。京都の祭礼が、道中を歩くモチベーションにもなっていたことがわかります。

急ピッチで歩いた甲斐もあって、五月五日には京都入りすることができ、祭礼にも間に合いました。この日は、「今日は藤森の祭礼、且下加茂の競馬の儀などあるゆへ、伊勢よりいそぎたり[72]」と記されたように、藤森神社の祭礼を見てから賀茂神社の競馬を見物する予定だったようです。

ところが、最初に訪れた藤森神社の祭りでも馬を操る曲芸が披露されていました。『都名所図会』には、「藤の森の祭は毎年五月五日にして、当社の神蒙古退治の為出陣し給ふ日なり。産子は宵宮よ

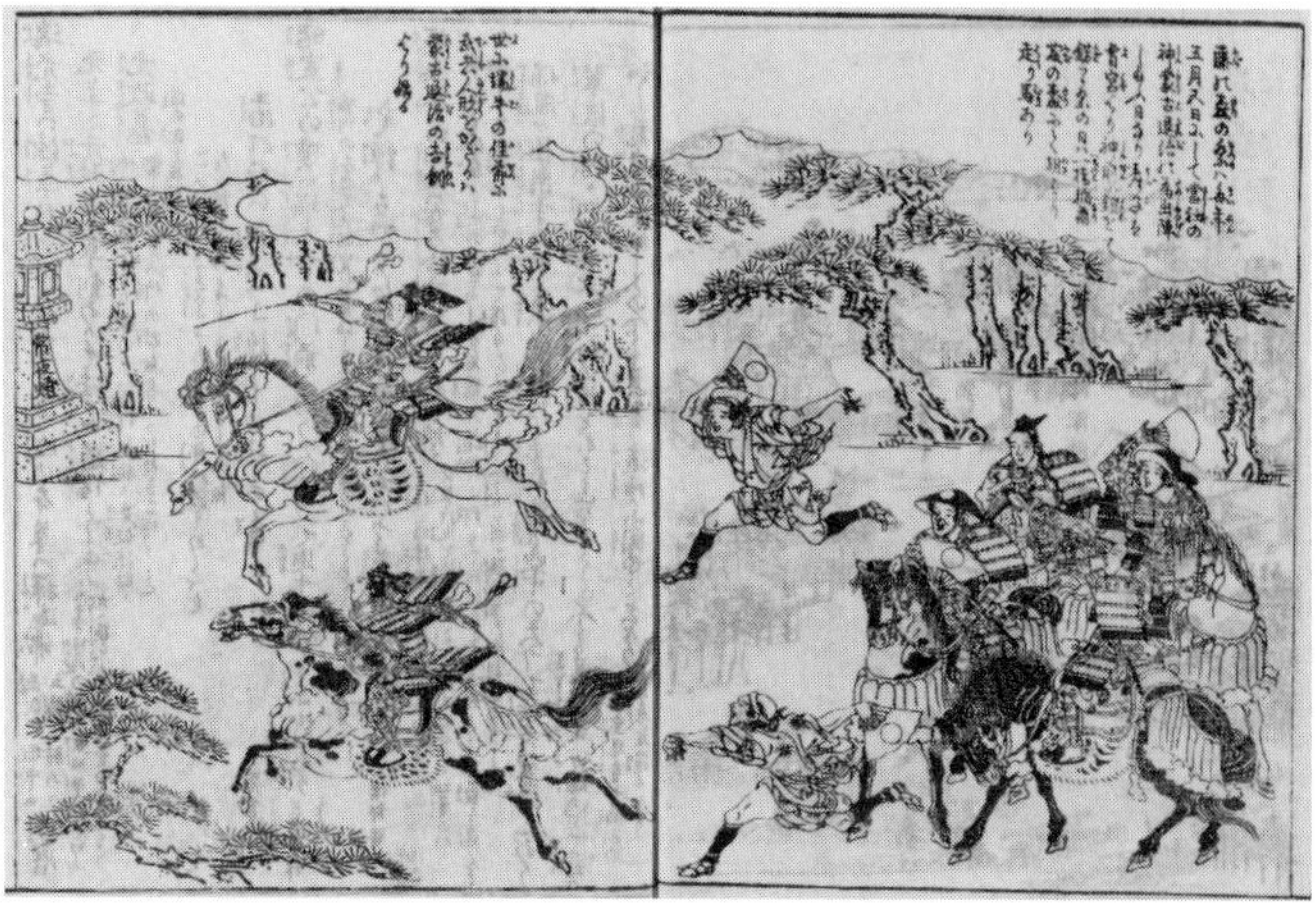

図4－5　『都名所図会』に描かれた藤森神社の走り馬

出典：秋里籬島編『都名所図会　巻之五』河内屋太助、1786、国立国会図書館蔵

り神前に鎧を銹り、祭の日は一橋稲荷藤の森にて朝より走り馬あり。[73]」との解説があり、「走り馬」という催し物の存在が挿絵（図4－5）とともに紹介されています。

この走り馬が、八郎の目を釘付けにしました。以下、八郎の解説です。

「尤とも面白きは馬乗なり。氏子の若ひ衆、思ひ思ひのよそをひをなし、鞍置き馬にまたがり、四番、五番目の中にて曲のりをなすなり。或は片足にて身を空になげうち、走る事飛がごとく、実に町人・百姓にてはまれなるたくみ、修練のいたれるものなり。[74]」

氏子衆が馬上で見せた躍動感のある技芸にすっかり魅了された八郎は、ついには賀茂神社の祭礼に赴くのを取り止めてしまいました。[75]その理由を八郎は、「今日下加茂にて競馬まつりあり。これは神主ども十人ばかりづつ、赤黒の衣服にて二つにわかれ、二疋づつ走らせ、前後をあらそふのみにて、さらに芸もなし。」[76]と書いています。ただ速さを争うだけの賀茂神社の競馬よりも、馬上で巧みな曲芸を披露する藤森神社の祭礼の方が面白く感じたのでしょう。

寺社参詣

清河八郎と亀代は実に多くの寺社を巡りました。なかでも最重要だったのが、旅の目的地の伊勢神宮です。八郎母子の伊勢参宮は、とある人物によってプロデュースされていました。

伊勢には御師と呼ばれた宗教者がいて、全国各地を巡って伊勢神宮にまつわるご利益を宣伝し、人びとを伊勢の地へと誘引する役割を担います。御師の活躍によって伊勢信仰は全国的なネットワークを形成するに至りますが、御師にはそれぞれ担当地域（檀那場）がありました。檀那場から旅人が伊勢にやってくると、御師は自分の屋敷に旅人を泊めて食事を振る舞い、伊勢界隈の観光案内もするなど、精一杯を尽くしてもてなします。当然、旅人は御師に相応の金額を支払いました。まるで、今日のツアーコンダクターのようです。

清河八郎の実家がある庄内地方を檀那場にしていたのは、三日市太夫という御師でした。斎藤家は庄内地方でも有数の名家でしたので、その嫁と息子が伊勢に来るとあっては、御師としてサービスしない手はありません。

伊勢の入口の宮川を越えて山田に着いた一行は、御師の屋敷に向かい、「御師の三日市太夫次郎にやどる。[77]」ことになりました。伊勢滞在中は、御師の邸宅を拠点に周辺を観光するのが当時の慣わしです。ところが、宿泊初日、八郎は出された食事が思いのほか粗末だったことに対して不満を漏らしています。「此大夫はあまり太きものにあらず。[78]」と書き、三日市太夫は大した人物ではないと酷評しました。

その後も、三日市太夫は八郎母子の寝食の世話を焼き、観光案内も行いました。前述した古市の伊勢音頭の見物も、御師の手配によるものです。伊勢を出立する時には、土産物も持たせてくれました。この至れり尽くせりのサービスは八郎の心を動かしたらしく、最終日には「先日より度々案内者をつけ、且時々酒肴等有之。至て丁寧なるものにて、出立の時も御祓其外盃等土産おくれり。[79]」と振り返り、初日の酷評が嘘のように高評価に転じています。

四月二八日には、三日市太夫の案内で目的の伊勢参宮を無事に果たしました。参宮を終えた八郎は、「最早第一の参宮もすみたれば、此れよりは足まかせに遊覧せんと、こころ安くぞ思われけり。[80]」と、目的を達したことに安堵しています。

伊勢参宮以外にも、母の亀代が重視したのが越後の真宗寺院です。八郎が「すべて一向宗は越後中尤ともさかんなり。[81]」と書いたように、越後を含む北陸地方一帯は一向宗（浄土真宗）がことさら教線を延ばした地域で、宗祖の親鸞聖人ゆかりの寺院や史跡も多い土地柄でした。八郎たちも、真宗寺院の浄光寺、西方寺、三条御坊に参詣し、梅護寺の八房の梅や十字名号、了玄寺のつなぎかやなど親鸞ゆかりの旧跡も巡っています。越後を過ぎる頃、「越後路は委しく見物なれども、多くは一向宗の旧跡のみにて、格別となるにたらず。[82]」と記されたように、八郎本人はさほど関心を示していません。実家の斎藤家は曹洞宗寺院の檀家総代をつとめる家系で、[83]八郎には関わりの薄い世界観だったのでしょう。一方、母の実家の三井家は代々真宗門徒でしたので、[84]亀代には詣でるに十分な理由があったのです。その後、京都滞在中には、浄土真宗の総本山である東西の本願寺に参詣し、大谷祖廟で親鸞の墓参りも果たしました。

7　旅の終わりに

江戸を発って郷里に帰る頃には、季節はすっかり秋めいていました。九月七日、羽州街道の大石田付近では、「茶店にしばらく休ひ、焼火に身をあたたむ。最早火気の助をまつ寒気と相成、道中の久敷事、感ずるにあまりあり。[85]」と書き、火で暖を取りながら長期間の道中に思いを馳せています。

旅の終着を前に、八郎は母への想いを次のように語りました。

「格別不自由もなき家にありながら、母は入らぬ事にのみ心配ありて、一向に伊勢参も致さずある故、此義を深く計らひ、今度同道いたし、西游せしに、幸ひあますところなく、且不自由も致さず、帰家にをもむくは元より家の為とはいひながら、一旦の決断による事なり。[86]」

母は不自由のない家にありながら、好んで人の世話ばかりして伊勢詣にも出ていなかったので自分が連れ出したところ、幸いにも不自由なく各地を見物でき、長年思い続けてきた母への孝行を果たして帰郷できることは、この上ない喜びだと秘めた胸の内を吐露しています。

郷里の清川村に着くと、斎藤家の父と祖父は無事の帰郷を大層喜び、村人総出で盛大に夜通しの祝宴が開かれました。旅が大衆化した時代だからといって、抜け参りの女性が関所を含む数々の困難を乗り越えて伊勢参宮を果たし、日本全国を歩き回って無事に故郷まで帰ってくることは、やはり一大事だったのです。

この旅で、母の亀代は連日のように長距離を歩きながら、各地で遊び尽くしました。むしろ、道中で遊ぶことが亀代の疲れた脚を前進させる大きなモチベーションになっていたと言っても過言ではありません。遊びたいがために、歩いたのです。

その後の清河八郎の足取りを辿ると、鶴岡の遊女屋のお蓮を嫁にとって仙台で暮らしましたが、安政四（一八五七）年には再び江戸に出て文武指南の塾を開き、尊攘派の志士らと「虎尾の会」を結成しました。かの有名な寺田屋事件にも大きく関わりを持ちます。こうして、幕末の政変に身を投じた清河八郎は、文久三（一八六三）年に江戸で幕府の刺客に暗殺され、三四歳の生涯に幕を閉じます。

夢のような『西遊草』の旅は、清河八郎の最後の母孝行でした。

〈注記及び引用・参考文献〉

（1）小山松勝一郎『清河八郎』新人物往来社、一九七四、一一頁
（2）清河八郎「耕雲録」山路彌吉編『清河八郎遺著』民友社、一九一三、四九―五六頁
（3）清河八郎「西遊草　巻の十一」小山松勝一郎校注『西遊草』岩波書店、一九九三、五三三頁
（4）清河八郎「西遊草　巻の一」小山松勝一郎校注『西遊草』岩波書店、一九九三、一八頁
（5）同上、二九頁
（6）大川周明『清河八郎』行地社出版部、一九二七
（7）小山松、前掲書
（8）高野澄『清河八郎の明治維新――草莽の志士なるがゆえに――』日本放送出版協会、二〇〇四
（9）小山松勝一郎「解題」『西遊草――清河八郎旅中記――』平凡社、一九六九、二四八―二五八頁／小山松勝一郎「解説」『西遊草』岩波書店、一九九三、五三九―五四九頁
（10）深井甚三『近世女性旅と街道交通』桂書房、一九九五、一〇―四六頁
（11）山本志乃「旅日記にみる近世末期の女性の旅――『旅の大衆化』への位置づけをめぐる一考察――」『国立歴史民俗博物館研究報告』一五五集、二〇一〇、一―一八頁
（12）山本志乃『団体旅行の文化史――旅の大衆化とその系譜――』創元社、二〇二一、三四―三九頁
（13）『西遊草』が収載されている書籍は二冊あります。一冊は、東洋文庫版の『西遊草――清河八郎旅中記――』（清河八郎「西遊草」小山松勝一郎編訳『西遊草――清河八郎旅中記――』、平凡社、一九六九）です。同書は編訳者の小松山が口語調に抄訳したもので、全行程のうち省略されている箇所も少なくありません。もう一冊は、岩波文庫版の『西遊草』（清河八郎「西遊草」小山松勝一郎校注『西遊草』岩波書店、一九九三）で、日記全編の翻刻が収められています。本章では、岩波文庫版を底本とし、東洋文庫版は参考資料として適宜用いました。
（14）清河八郎「西遊草　巻の二」、四四頁

(15) 三井清野「道中日記」『きよのさんと歩く江戸六百里』バジリコ、二〇〇六、三一六―三四〇頁
(16) 今野於以登「参宮道中諸用記」本荘市編『本荘市史　史料編Ⅳ』本荘市、一九八八、六一〇―六四一頁
(17) 加藤みゑ「道中記万覚記」『交通史研究』五五号、二〇〇四、五八―六三頁
(18) 三井清野「道中日記」、三一六―三四〇頁
(19) 中村いと「伊勢詣での日記」『江戸期おんな考』三号、一九九二、一三三―一五〇頁
(20) 大熊津ぎ「三社参詣銚子幷東坂東道中記」松戸市誌編さん委員会編『松戸市史　史料編（一）』松戸市役所、一九七一、八〇五―八〇七頁
(21) 鈴木理平「道中日記帳」『相模原市立図書館古文書室紀要』一一号、一九八八、四九―五七頁
(22) 国分ふさ「岩城水戸江戸日光道中記」白沢村史編纂委員会編『白沢村史　資料編』白沢村、一九九一、五三二―五三七頁
(23) 坂路河内頭「道中日記」松本秀信編著『石川町史　下巻』石川町教育委員会、一九六八、二四八―二五八頁
(24) 清河八郎「西遊草　巻の二」、七八頁
(25) 清河八郎「西遊草　巻の四」、一三七頁
(26) 清河八郎「西遊草　巻の八」、三七三頁
(27) 清河八郎「西遊草　巻の五」、二〇三頁
(28) 大馬金蔵「伊勢参宮道中記」『天明六年　伊勢参宮道中記　附道中小遣帳』いわき地域学会出版部、一九九三、五―八五頁
(29) 著者不詳「伊勢参宮所々名所並道法道中記」『伊勢参宮所々名所並道法道中記』阿部彰晤、一九九二、一―一五五頁
(30) 残間庄吉「道中記」大郷町史史料編集委員会編『大郷町史　史料編二』大郷町、一九八四、七九一―八〇八頁
(31) 黒沢佐助「道中日記」中仙町郷土史編さん委員会編『中仙町郷土史資料　第三集』中仙町郷土史編さん委員

会、一九七四、二六六―二九二頁
(32) 清河八郎「西遊草　巻の二」、六八頁
(33) 清河八郎「西遊草　巻の十」、四九三頁
(34) 同上
(35) 清河八郎「西遊草　巻の二」、七二頁
(36) 同上、八〇―八一頁
(37) 柴桂子『近世おんな旅日記』吉川弘文館、一九九七、一〇四頁
(38) 清河八郎「西遊草　巻の三」、九三頁
(39) 同上、九九頁
(40) 清河八郎「西遊草　巻の九」、三八八頁
(41) 同上、三九〇頁
(42) 同上、三九一頁
(43) 同上
(44) 同上、四〇七頁
(45) 同上
(46) 清河八郎「西遊草　巻の十」、四七二―四七三頁
(47) 深井、前掲書、二二―四四頁
(48) 柴山加治編『旅鏡』奎文房和泉屋半兵衛、一八四八、国立国会図書館蔵
(49) 清河八郎「西遊草　巻の四」、一五〇頁
(50) 秋里籬島編『都名所図会　全六巻』河内屋太助、一七八六、国立国会図書館蔵
(51) 秋里籬島編『東海道名所図会　巻之二』小林新兵衛、一七九七、国立国会図書館蔵

(52) 清河八郎「西遊草　巻の二」、七一頁
(53) 同上、八一頁
(54) 清河八郎「西遊草　巻の九」、三九八頁
(55) 清河八郎「西遊草　巻の五」、二一四頁
(56) 同上
(57) 清河八郎「西遊草　巻の四」、一三九頁
(58) 同上、一七三頁
(59) 清河八郎「西遊草　巻の七」、三〇四頁
(60) 小山松勝一郎「解題」『西遊草――清河八郎旅中記――』平凡社、一九六九、二五二頁
(61) 櫻井邦夫「近世の道中日記にみる手荷物の一時預けと運搬」『大田区立郷土博物館紀要』九号、一九九九、一一六頁
(62) 清河八郎「西遊草　巻の五」、一七六頁
(63) 同上、二〇〇頁
(64) 清河八郎「西遊草　巻の十」、四四四頁
(65) 八隅蘆庵『旅行用心集』須原屋伊八、一八一〇、三七丁
(66) 清河八郎「西遊草　巻の九」、三八〇―三八一頁
(67) 清河八郎「西遊草　巻の三」、一一九頁
(68) 同上、一二二頁
(69) 蔀関月編『伊勢参宮名所図会　巻之四』塩屋忠兵衛、一七九七、国立国会図書館蔵
(70) 清河八郎「西遊草　巻の三」、一二三頁
(71) 清河八郎「西遊草　巻の四」、一三二頁

(72) 同上、一四六頁
(73) 秋里籬島編『都名所図会　巻之五』河内屋太助、一七八六、国立国会図書館蔵
(74) 清河八郎「西遊草　巻の四」、一四八頁
(75) 同上、一四九頁
(76) 同上
(77) 清河八郎「西遊草　巻の三」、一一八頁
(78) 同上
(79) 清河八郎「西遊草　巻の四」、一三二頁
(80) 同上
(81) 清河八郎「西遊草　巻の一」、三三頁
(82) 清河八郎「西遊草　巻の二」、五四頁
(83) 小山松勝一郎校注『西遊草』(注部分)岩波書店、一九九三、四六頁
(84) 金森敦子『〝きよのさん〟と歩く江戸六百里』バジリコ、二〇〇六、一八四頁
(85) 清河八郎「西遊草　巻の十一」、五二〇頁
(86) 同上、五二六頁

第5章

勝小吉

下級武士の破天荒な抜け参り

1　はじめに

勝小吉は、享和二（一八〇二）年に旗本の男谷平蔵の三男坊として生まれます。幼名は亀松ですが、七歳で御家人の勝家の養子に入ってからは小吉と名乗りました。本名は勝左衛門太郎惟寅で、隠居後は夢酔と号しています。何を隠そう、勝小吉の長男は、かの有名な勝海舟です。

息子の勝海舟が時勢に乗って出世街道を駆け上がっていったのに対して、父の勝小吉は生涯にわたって貧乏な生活から抜け出すことはできませんでした。剣術の素養があった小吉は、当時はまだご法度だった他流試合を繰り返し、喧嘩に明け暮れる青年時代を過ごします。本所、浅草、吉原界隈の顔役で、刀剣のブローカーにも精を出す裏社会のリーダーでした。勝小吉は、江戸でも名の通った札付きの不良武士だったのです。

生家の男谷家の兄たちは次々と御代官の役職に取り立てられていきましたが、小吉はその素行の悪さも影響して無役のままでした。そのため、小吉は常に、劣等感や不平不満を抱いていたと言われています。[1]

天保一四（一八四三）年、四二歳になった小吉は、それまでの経験を叙述し、自己反省の言葉も挟んで子孫への戒めにしようと自叙伝を書きました。[2]題して『夢酔独言』。夢酔（小吉）が書いた独り言だけあって、自身のアウトローな半生を包み隠さず赤裸々に語っています。

勝小吉は、意のままにならない現実から脱出しようとして、一四歳と二一歳で二度の抜け参りの旅に出ました。いずれも、最低限の身支度で家を飛び出し、江戸後期の東海道を舞台に破天荒な珍道中を繰り広げます。特に最初の抜け参りでは、早々に路銀が底をつき、乞食同然で東海道を放浪していたところ、街道筋の人びとに助けられ辛うじて命を繋ぎました。

清河八郎母子も無手形の抜け参りでしたが、彼らが経済的な困難とは無縁だったのに対して、小吉は本当に金を持たない放浪の旅人でした。

『夢酔独言』の中には、勝小吉による型破りな旅の模様が収められています。小吉の断片的な記述からは、これまで本書が取り上げてきた人物たちのように、毎日の歩行距離を数字で解き明かすことは簡単ではありません。しかし、旅費を持たない抜け参りの徒歩旅行者がいったいどのように旅を続けたのか、近世社会の実態を知るうえでも貴重な情報が盛り込まれています。そこで本章では、『夢酔独言』[3]を基本史料として、勝小吉が行った二回の抜け参りの実際を「歩行」を主な関心事に据えて考えていきましょう。[4]

本章では、勝小吉の抜け参りについて、①どのような旅の動機があり、どのように旅費を工面したのか、②歩行に関してどのような傾向が見出せるのか、③道中ではどのような困難に直面したのか、④街道の人びとからどのような支援を受けたのか、という順序で考察します。

これまで、勝小吉に関する研究は、「勝海舟の父」という文脈から取り組まれ、海舟との対比の中で語られてきました。山路愛山の『勝海舟』[5]、徳富猪一郎の『勝海舟伝』[6]、近年では大口勇次郎の『勝小吉と勝海舟』[7]など、関連の著作は多く見られます。

また、『夢酔独言』は当時としては珍しく口語体で記された文献です。そのため、同書は幕末の武士言葉を知り得る貴重な手掛かりとして評価され、国語学的な関心から研究が積み重ねられてきました。中村通夫[8]、真田信治[9]、稲垣正幸[10]、山口豊[11]、金子弘[12]、速水博司[13]などによる層の厚い研究成果が並びます。

小吉の書いた『夢酔独言』のあらましは、編者である勝部真長の解説[14]に詳しく記されています。しかし、紙幅の制限もあったのか、勝部は二度にわたって行われた抜け参りの模様にはほとんど触れていません。

このように、小吉の旅の模様は、断片的に取り上げられることはあっても、その詳細は十分に考察されてきませんでした。ましてや、「歩行」を中心に据えて論じた研究は過去に例がない試みです。

本章では、『夢酔独言』という魅力的な史料から、勝小吉の抜け参りに見られる歩行事情と合わせて、近世後期の旅の実像を浮かび上がらせてみましょう。

2　勝小吉の旅立ち

抜け参りの動機

小吉の最初の抜け参りは文化一二（一八一五）年、一四歳の時で、養家の祖母と折り合いがつかなかったことがきっかけでした。小吉本人も、「幼年の頃当時の家へ養子に参りしが、兎角家内のもめごとありて、十四歳の頃余儀なく家出致し……」[15]と書いています。

一四歳という年齢の子どもが無断で旅に出ることは、当時としては珍しくありませんでした。時代を遡りますが、宝永二（一七〇五）年二月一日からの一ヵ月間、京都所司代による京都を通過した参詣者数の調査結果では、総計約五万一〇〇〇人のうち一六歳以下の子どもの抜け参りが三分の一以上を占めていたそうです。[16]

伊勢参りの魅力は子どもたちにも知れ渡っていましたが、年齢的にも経済的にも大手を振って旅ができない子どもたちは、親の目を盗んで家出同然の長距離旅行を決行しました。子どもが抜け参りに出そうな雰囲気を察知すると、親がそれとなく枕元に小遣いを準備することもあったそうです。こうした世の中ですから、小吉のような少年でも、街道の人びとに見守られながら道中を歩くことができました。

二度目の抜け参りは、七年後の文政五（一八二二）年、二一歳の時に決行されました。就職活動が思うようにいかずに、悪行を繰り返していた頃です。この時は、小吉が「是からは日本国をあるいて、なんぞあつたら切死にしよふと覚悟して出てきたからには、なにもこわひことはなかつた。[17]」と回顧しているように、道中で果てる覚悟を決めて江戸を旅立っています。

旅費はどのように工面したのか

小吉の抜け参りは半ば衝動的な行動でしたが、旅立ちにあたっては一定額の旅費が必要です。最初の抜け参りで小吉が思いついた金策の手段は、自宅から金を盗むことでした。本人が「かねも七、八両斗りぬすみ出して……[18]」と自白しているように、現金で七〜八両もの大金を持ち出しています。

序章で例に出したように、弘化二（一八四五）年に江戸近郊から伊勢参宮をした農民男性が使った旅費の総額は約五両でした。したがって、小吉が自宅から持ち出した七〜八両の現金は、抜け参りの準備としては十分過ぎるほどの金額です。勝家の生活は決して裕福ではなかったので、嫡男の小吉と多額の現金を同時に失ったダメージは計り知れません。

二度目の抜け参りでは、二一歳になった小吉は、現金を盗み出す以外にも金策の手段を身に付けていました。江戸を出立した際の小吉の行動は次の通りです。

「親が呉た刀やらいろいろ質におゐて、相弟子へも金を借り、いろいろして漸々三両二分ばかり出来たを持て、そのばんは吉原へいつて、翌日車坂の井上のけいこ場へゆき、剣術の道具を一組かりて、直に東海道へかけ出した。[19]」

小吉は、親から譲り受けた刀などを質に入れ、知人から借金をして三両二分の旅費を捻出します。しかし、その晩のうちに吉原へ出掛けて、せっかく用立てた旅費の一部を使ってしまうあたりは、いかにも小吉らしい行動です。翌日は道場に赴き、剣術道具の一式を借りて東海道を歩きはじめました。剣術道具を持ち出したのは、武者修行中の身分を装うためですが、この工夫は後述する箱根関所でも大いに役立つことになります。とはいえ、その後滞在した遠州の森町では、地元の剣士と毎日のように稽古に励んでいるので、剣術修行者とはあながち虚偽の身分ではありませんでした。

3　勝小吉の歩行の傾向

『夢酔独言』の文章からは、他の章で取り扱った人物たちのように、毎日の歩行の情報を明確に数字で読み取ることはできません。しかし、勝小吉が書き綴った文面から、その歩行事情を断片的に浮かび上がらせることは可能です。

以下、小吉の二回の抜け参りを題材に、どのくらいの距離を歩いたのか、どのような旅姿で歩いたのか、難所をどのように越えたのかを考察してみましょう。

表5－1　勝小吉の道中の歩行距離

抜け参りの年次	年齢	日数	出発地	宿泊地	歩行距離（km）
1815年（1回目）	14歳	初日	江戸	藤沢	49.1
		2日目	藤沢	小田原	32.2
1822年（2回目）	21歳	初日	江戸	藤沢	49.1
		2日目	藤沢	三島	63.5

出典：勝小吉「夢酔独言」勝部真長編『夢酔独言　他』平凡社、1969、pp. 3－131より作成

一日あたりの歩行距離

『夢酔独言』に記された二回の抜け参りのうち、勝小吉の歩行距離がわかるのは合計四日間のみ、それぞれ江戸を発ってから二日目までの記録です。この四日間の歩行距離を一覧に整理しました（表5－1）。

一四歳で行われた抜け参り初日の江戸～藤沢間では、「夫からむやみに歩行て、其日は藤沢へとまつたが……[20]」との記述があります。「むやみに」と書いただけあって、この日は四九・一kmを歩き、ハイペースのスタートダッシュでした。家族に黙って家を飛び出したので、追っ手がかかることを恐れたのかもしれません。翌日は藤沢～小田原間の三二・二kmを歩きますが、「はやく起きて宿を出たが、どふしたらよかろふと、ふらふらゆくと……[21]」と、当てもなく歩いた時間帯もあり、初日と比べて歩行距離はそこまで延びていません。

二一歳になった小吉が抜け参りに出た初日は、一回目の初日と同じく江戸～藤沢間（四九・一km）を歩き通しました。この日は馴染みの剣術道場に立ち寄ってから江戸を発ちましたが、「無極に[22]」（むやみやたらに）歩いただけあって、やはりハイペースな道中です。

判明する限りで、最も長い距離を歩いた記録が二回目の抜け参りの二日

目、藤沢～三島間（六三・五㎞）です。こうした断片的な情報のみでは、一四歳から二一歳の七年間で小吉の歩行能力が飛躍的に向上したと安易に判断することはできませんが、少なくとも二一歳の勝小吉は、一日に六〇㎞以上の距離を歩ける能力を持っていたことを確認しておきましょう。

この日は、『夢酔独言』から比較的詳しい情報を抜き出すことが可能です。日付、宿の出発時刻、到着時刻までが記されています。文政五（一八二二）年の「五月廿九日」[23]（五月二九日）は、二十四節気では小暑六月節に当たります。現代の暦では七月中旬に相当する暑い季節でした。

藤沢を発ったのが「朝七つ」[24]、三島に着いた頃には「夜の九つ」[25]になっていました。橋本万平の研究[26]によって現在の時刻と照合すると、七ツ時は二時三二分～三時五五分の間（中間時刻は三時一三分）、九ツ時は二三時四六分～一時九分の間（中間時刻は〇時二七分）です。中間時刻から計算すると、この日は宿の出発から到着まで、最大で二一時間一四分を道中の移動に費やしていたことになります。一時間あたりに約三㎞を歩いた計算になり、時速で見ると当時としては一般的なペースです。この一日だけをもって判断することはできませんが、勝小吉は歩くスピードが速かったというよりは、長時間を夜通し歩き続ける持久力を持っていたように思えてきます。

年次の異なる四日分の出来事をもって、勝小吉の歩行能力を正確に知ることはできません。しかし、この時代に東北から伊勢参りをした人びとの平均歩行距離が一日に三五㎞程度だったことを考えれば、小吉は一日のうちに比較的長い距離を歩ける健脚の持ち主だったと理解することができるでしょう。

どのような旅装で歩いたのか

勝小吉は、どのような旅装で長距離を歩いたのでしょうか。一回目の抜け参りでは、小吉は不運にも途中で盗難被害に遭い、襦袢だけを着て瀕死の状態で物乞いをするようになりますが、ここでは江戸出発当初の小吉の旅装を浮かび上がらせてみましょう。

一四歳で行われた最初の抜け参りでは、初日の記述として「もゝ引をはいて内を出たが、世間の中は一向しらず、かねも七、八両斗りぬすみ出して、腹に巻付て[27]」と記され、旅人の定番の衣類だった股引を履き、家から盗んだ金を大切に腹に巻いていたことがわかります。また、盗難被害に遭った品の中に「大小[28]」とあるので、それまでは大小の二本の刀を腰に差して歩いたようです。履物や携行品などは判明しませんが、小吉はごく一般的な装いで旅立ったと考えてよいでしょう。

二一歳の抜け参りでは、七年前とは旅装が少し異なります。武者修行者として剣術の道具を持って旅立ったことは先に述べましたが、小吉の旅装を知る手掛かりは二日目の箱根関所で判明します。小吉が関所の番人に、「けいこ先より風とおもひ付て、上方へ修行にのぼり候。雪駄をはき候まゝ旅支度もいたさず参りし事故……[29]」と申し出たように、剣術稽古に通う日常的な恰好で旅立ったようです。剣術道具一式を担ぎ、雪駄を履き、おそらく長距離歩行には適さない旅姿で箱根まで歩いてきたのでしょう。

近世の旅人の履物は草鞋が一般的でしたが、小吉が普段使いの雪駄を履いて江戸から箱根まで一〇〇㎞弱の道程を歩いてきた事実に驚かされます。関所を通過した後の箱根峠では、「雪駄をぬいで腰へはさみ……[30]」とあるように、途中で雪駄を脱いで素足の歩行に切り替えています。やはり起伏のある山道は雪駄では歩き難かったのでしょう。剣術道具一式を持ち、雪駄と素足で一日に六〇㎞を超える距離を歩いた小吉は、紛れもなく健脚の持ち主でした。

難所をどのように越えたのか

東海道を歩いた勝小吉は、僅かながら難所の通行についても記しています。二回目の抜け参りで関所を通過した後の夜間の箱根峠では、「山中で日が暮れてから宿引きめが、『泊れ』とてぬかしたがとふとふがまんで三島までいつたが、四里が間、五月廿九日の日〔だ〕から、真闇がりでなんぎした。[31]」と書きました。

文中の「山中」とは、箱根峠の途中にあった立場（休憩用の集落）の名称です。ここで日没を迎え、客引きから宿泊するように声を掛けられますが、そのまま通過して夜間の箱根の山越えに挑みます。

東海道の箱根から三島までの間は、険しい山道でした。天保一四（一八三四）年の幕府の調査記録『東海道宿村大概帳』によれば、東海道の箱根宿から三島宿までの道幅は、最も狭いエリアでは二間（三・六ｍ）だとされています。江戸の近くでは三〜五間（五・九〜九・〇ｍ）の所が多いので、箱根山中がいかに狭い道だったのかがわかります。[32]

図５‐１は、『東海道名所図会[33]』に掲載された箱根峠の絵画です。この鳥観図から道幅まで読み取ることはできませんが、曲がりくねった急勾配の山道だったことが伝わってきます。

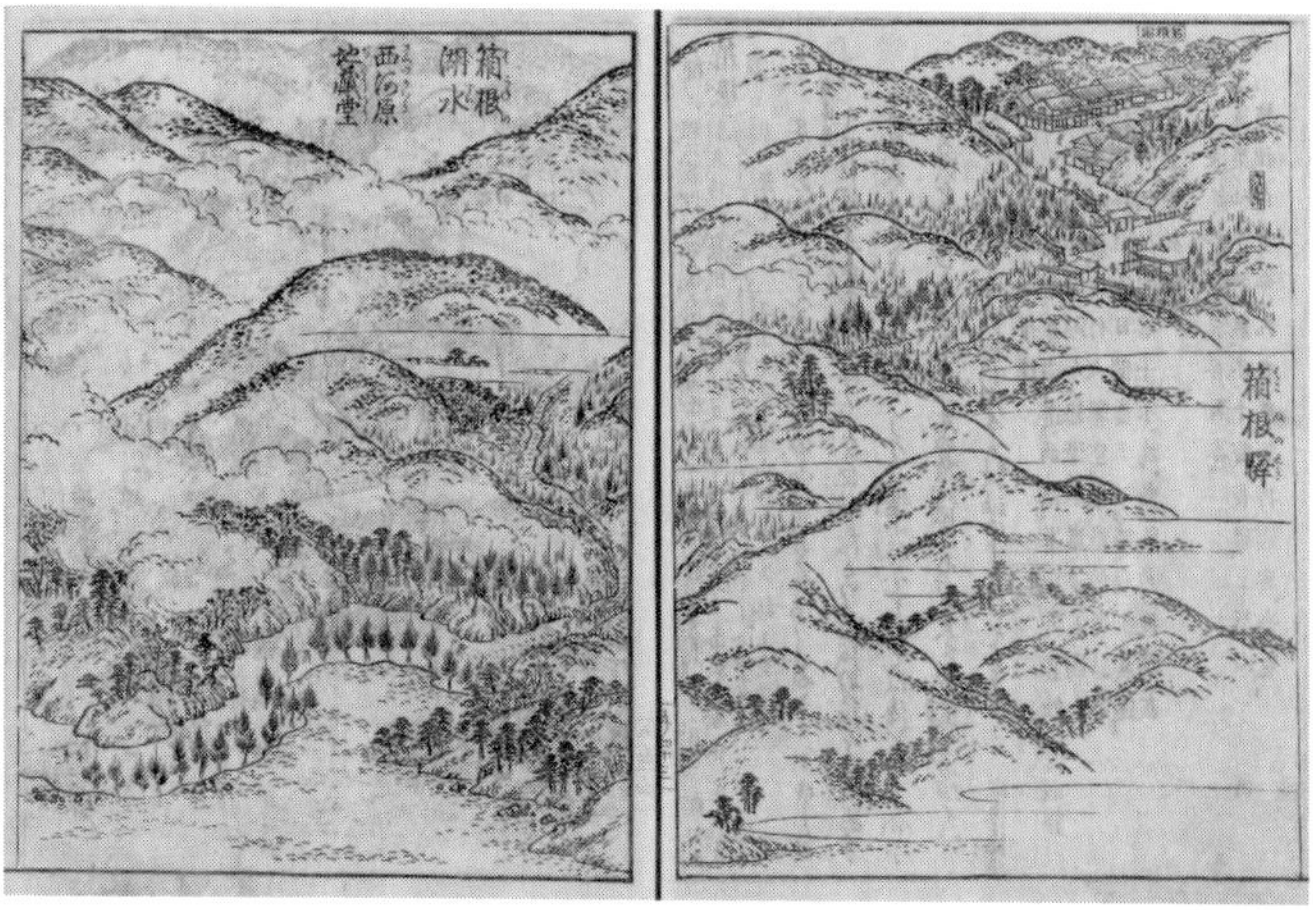

図5－1　『東海道名所図会』に描かれた箱根の山道

出典：秋里籬島編『東海道名所図会　巻之五』小林新兵衛、1797、国立国会図書館蔵

勝小吉が箱根路を歩いたのは、日没後の時間帯です。しかし、現代とは異なり街灯設備が乏しい近世には、主要幹線でも夜間の出歩きは厳禁でした。文化七（一八一〇）年刊行の『旅行用心集』にも「一通の旅にて格別に急くことなくば夜道決而すべからず[34]」との注意書きがあります。

旅人も同じような感覚を抱いていたようです。第1章でも紹介しましたが、東北地方の旅人が同行者間で定めた取り決めには、「日の内にはやく宿をかるべし[35]」「夜ハ暮ぬ内ニ取様ニ心掛朝ニは闇内ニ喰事をいたし夜の明を待可相立事[36]」「夜道無用之事[37]」「朝晩の夜道等をゆたんすべからし[38]」などと、原則として夜道は歩かないことが仲間内で共有されています。

ところが、型破りな勝小吉の抜け参りは、一般的な枠組みに収まるものではありませんでした。厳禁だった夜道の通行を平然と実行しています。

図5－2　現存する箱根旧街道の石畳道（2015年3月、筆者撮影）

箱根峠には道路舗装として石畳が敷かれましたが、この路面構造が旅人を悩ませていました。享保五（一七二〇）年に箱根峠を歩いた鈴木武という芸人の女性は、「今日は坂數多越ゆるに、山駕籠も不用なりとて、歩み苦しき石の上を徒歩にてたどりけるまゝ、いと痛う疲れ困じぬ。[39]」と、疲労困憊の状態で石畳道を通行した模様を書いています。

図5－2は、現存する箱根旧街道の石畳道の写真です（撮影場所は箱根湯本付近）。文化財として保存するために手入れされていますが、小吉が歩いた箱根路もかなり凹凸のある道だったとイメージできます。小吉が「真闇がりでなんぎした。」と書いたように、暗がりの中、急勾配の石畳の舗装路を歩くことは至難の業だったに違いありません。足の置き場を誤れば、怪我をする危険性もあったはずです。

しかも、小吉は一般的な旅人の装いではなく、稽古に通う日常の服装でこの難路に臨み、途中からは雪踏を脱いで素足で歩いています。かなりのチャレンジ精神と忍耐力の持ち主だったようです。

4　勝小吉の旅の困難

関所の通過

江戸を発って上方に向けて東海道を歩いた小吉の行く手には、箱根関所が待ち受けていました。文久三（一八六三）年に来日したスイス人外交官のアンベールは、東海道を旅した際に見た箱根関所の様子を次のように説明します。

「東海道は峠の裏側で、突然、狭い道を通るようになっていて、そこには厳重な関所が設けられ、武装した衛兵が番をしている。ここで、旅行者は誰でも旅券を提示し、持物を、幕府から命ぜられた役人の検査を受けなければならない。大きい大名でも、いかめしい随員でも、この規則は免除してくれない。(40)」

アンベールは、箱根関所では厳しい取り調べがあり、「旅行者は誰でも旅券を提示」する必要があると理解しました。アンベールがいう「旅券」（往来手形）を持たない小吉は、どのようにして関所を通過したのでしょうか。

最初の抜け参りでは、小吉は藤沢付近で二人組の男たちと出会い、しばらく行動をともにしました。小田原に宿泊した際、次のようなやり取りが交わされています。

「其時、『あしたは御関所だが、手形はもつているか』といふ故、『そんな物はしらぬ』といつたら、『銭を弐百文だせ。手形を宿で貰つてやる』といふから、そいつがいふとおりにして関所も越したが……(41)」

小吉は同行者の男の手配で、二〇〇文を支払って宿から往来手形を購入しました。関所周辺の宿屋は、女性の関所破りの斡旋だけではなく、男性の往来手形を都合するビジネスも手掛けていたようです。本来、往来手形は身元保証人の名主、庄屋、檀那寺などに発行してもらう証書なので、厳密に言えばこれは偽造です。しかし、偽造手形であっても、書類の体裁が整っていればお咎めはなく、男性は正面から関所を通過できたのでしょう。

二一歳で行われた二回目の抜け参りでも、小吉は箱根関所を通過しました。七年前の経験から、男性に対する関所改めが簡易的だったことを知っていた小吉は、堂々と無手形で正面突破を試みます。『夢酔独言』の記述を引いてみましょう。

「漸々関所へかゝつたが、手形がなゐから、関所の椽がわへいつて、剣術修行に出し由申、『御関所を通ふし被下』といつたら、『手形を見せろ』といふから、そこでおれがいふには、『御覧の通り、江戸をあるく通りのなり故、手形は心づけず。けいこ先より風とおもひ付て、上方へ修行にのぼり候。雪踏をはき候まゝ旅支度もいたさず参りし事故、あいなるべくは御通し被下候様に』といったら、番頭らしきがいふには、『御大法にて手形なき者は通さず。しかし御手前の仰せの如く、御修行とあれば無余儀故、御通し可申。以来は御心得可被成』といった故、『かたじけなゐ』とて、夫から関所をこして、……」(42)

関所の番人から往来手形の提示を要求された小吉は、ふと思い立って江戸から剣術修行に出たため手形は持っていないと苦しい弁解をします。しかし、番人は本来は無手形では通さないが修行中なら今回だけは致し方ないと言って通行を許可しました。江戸を発つ時に道場から借りてきた剣術道具を有効に活用するあたり、小吉の計算高さがうかがえます。

修行者に対して寛容だった面もあるでしょうが、近世後期の男性に対する関所改めがいかに形骸化していたのかがわかるエピソードです。

街道に潜む危険

① 護摩の灰との遭遇

泰平の世の実現により、近世後期には街道の安全性が確保され、さまざまな人びとが旅をしやすい環境が整っていきます。しかし、旅人の危険が一つ残らず取り除かれたわけではなく、道中で憂き目に遭うこともありました。
勝小吉は藤沢付近で出会った二人連れの旅人としばらく行動をともにしていましたが、そこには大きな落とし穴がありました。事件は浜松に宿泊した翌朝に発覚します。事の顛末を、被害者の小吉本人に証言してもらいましょう。

「油断はしなかつたが、浜松へ留つた時は、二人が道々よくせわをして呉たから、少し心がゆるんで、はだかで寝たが、其晩にきものも大小も腹にくゝしつけた金もみんな取られた。朝、目が覚めた故、枕元を見たらなんにもなゐから、きもがつぶれた。宿やの亭主に聞いたら、二人は、『尾張の津島祭りにまに合わないから、先へゆくから、跡よりこひ』といつて立おつたといふ……(43)」

小吉は眠っている間に、大事に腹に巻いていた七〜八両の旅費や、大小の刀、さらには着物も盗まれ、身ぐるみ剥がされて一文無しになってしまいました。同行した男たちは何かと小吉の世話を焼いてくれましたが、それは小吉が気を許して隙を見せるタイミングを狙っていたのです。まんまと金目の物を奪った男たちは、宿の亭主に尾張の祭礼に急ぐからと告げて忽然と姿を消します。
慌てて宿の亭主に事件を知らせると、亭主は「夫は道中のごまのはゐといふ物だ。(44)」と言いました。「ごまのはゐ」(護摩の灰)とは、旅人をよそおって他人の金品をかすめとる盗人のことですが、小吉は見事に騙されてしまったのです。以降、街道筋で物乞いをしながら歩く日々がはじまります。

『旅行用心集』には、道中の心得として「道中にて或ハ両三日　又は五　七日道連になり　其人信實に見るとても　同宿し　或ハ食物并に薬等互にとりやり決而すべからず[45]」と説かれました。旅先で数日間の道連れになって信頼できそうな人でも、同宿したり、食べ物や薬など、互いにやり取りしてはいけないと戒めています。小吉のように、護摩の灰に金品をかすめ取られる旅人は後を絶たなかったのでしょう。

こうした旅の教訓も、事前準備もなく思い付きで抜け参りに出た旅行ビギナーの小吉にとっては、まったく想定外の出来事でした。小吉は「おれも途方にくれて、なゐていたよ。[46]」と書き、この旅での最初の洗礼に涙しました。一四歳の少年にとって、無計画の一人旅は決して生易しいものではなかったのです。

②　道中の小吉の犯罪歴

反対に、小吉が道中で盗みを働き、金品を騙し取ることもありました。

最初の抜け参りでは、帰路に箱根山中で野宿していたところを小田原の漁師町の喜平次という男に拾われ、しばらくの間、自分の子どものように可愛がられました。しかし、「銭三百文戸棚にあるをぬすんで……[47]」と記されたように、小吉は喜平次の家の戸棚から三〇〇文を盗んで逃げ出してしまいます。

もっとも、この話には後日談があります。恩を仇で返してしまった小吉は、二度目の抜け参りで小田原を通行した際に喜平次のもとを訪れ、「金を弐分弐朱」と「酒代を弐朱」を渡し、利子を付けて七年越しで非礼を詫び、久々の再開に酒を酌み交わしました。(48) 破天荒な性格の小吉ですが、恩人に対しては仁義を尽くす面もあったのでしょう。

二回目の抜け参りでは、小吉は詐欺まがいの行動に打って出ます。三島では水戸播磨守の家来だと偽って宿場の役人を脅迫し、「壱両二分」をまんまと騙し取りました。小吉は「金がおもひよらず取れる故」と書き、想定外の金額を搾取できたことを人知れず喜びました。(49)

この悪事には、事前の仕込みがありました。箱根の山を越えたところから剣術道具に「水戸」と書いた札を差して歩くことで、三島に着く頃にはすっかり水戸藩の重要人物へと変身していたのです。何という悪知恵でしょうか。もっとも、江戸では札付きの不良として名を馳せた小吉にとって、この程度の悪行は朝飯前だったことでしょう。

被害者と加害者の両方を経験した勝小吉は、旅の世界の酸いも甘いも知り尽くす逞しさを身に付けていました。

野宿の日々

一四歳の勝小吉は、物乞いで食い繋ぐ旅に転じてからは宿屋に泊まる余裕もなく、各地で野宿を繰り返します。野宿生活は、小吉が道中でさまざまな人たちと出会うきっかけにもなりました。

伊勢参りに向かう間は、街道筋の松林や河川敷、寺社の軒下で夜を明かしました。小吉はこの時の模様を「夜は松原又川原或は辻堂へ寝たが、蚊にせめられてろくに寝ることも出来ず、つまらぬさまだつけ。」(50)と振り返っています。

伊勢から東海道沿いに府中まで戻ってきた時は、駿府城周辺の馬場の入口で一夜を明かしました。朝、目が覚めた小吉は、武士の馬術稽古を見物していたところ、関係者に見つかり無断で敷地に入ったことを叱責されます。さらに、小吉は武士たちの馬術の腕前が低いことを嘲笑い、それが見つかって三〜四人から袋叩きに遭いました。(51)明らかに自業自得なのですが、なぜか小吉は「みんなへただからへただといつたがわるいか」(52)と大声で開き直り、さらに反感を買います。その後、そこに居合わせた武士の一人が小吉を自宅に招き、一週間ほど寝食の世話を焼いてくれました。

鞠子近くの地蔵堂に野宿していたところ、ある男に出自を尋ねられ「伊勢参りだ」と答えると、男は一緒に付いて来いと言います。普請小屋の中に入ると、車座になって賭博に興じていた三〇人ほどの男衆が次々と小吉に金銭を恵み、合計で「九百斗」(九〇〇文ほど)になりました。しかも、小屋を出る時には、男たちは小吉に大きな握り飯を三個も渡しています。(53)この賭場の男衆は、抜け参りの少年に優しかったようです。

再び伊勢に移動した小吉は、伊勢参宮道の白子付近の松林の中で野宿した晩に酷い頭痛と高熱に襲われ、一〇日間ほど水だけを飲んで寝込んでいました。すると、小吉を心配した近隣の寺の僧侶が、毎日のように麦の粥を運んできて、二枚の菰(まこもを粗く編んで作ったむしろ)を提供してくれました。結局、二〇日間以上も野外で寝込んでいましたが、「二十三日めごろから足が立つたゆへ、大きにうれしく、竹きれを杖にして少しづゝ歩行た。[54]」と、やがて歩けるまでに回復します。この僧侶の世話がなければ、小吉は行き倒れていたことでしょう。

別の日、石部宿の茶屋の脇で野宿していると、通りかかった秋月藩の長持ちの親方に声を掛けられ、府中まで駕籠に乗せてもらいました。その後、小吉は江戸に向かって歩き出しますが、野宿をしていたところ、崖から転落して運悪く岩の角に急所を強打し気絶してしまいます。二〜三日して歩けるようになって箱根山中で野宿をしていたら、通りかかった飛脚に「つよひやつだ。よく狼に食われなんだ。こんどから山へは寝るな。[55]」と諭されました。小吉が知らずに寝ていた箱根山中は、狼が頻繁に出没する危険地帯だったのです。

江戸界隈まで帰還した小吉は、自宅に帰らずになおも野宿を続けました。高輪の漁師町で海苔取り船をひっくり返して眠っていたところ、翌朝に近隣住民に見つかり叱られます。両国では回向院の墓地に潜んで暮らし、旅で覚えた物乞いで食い繋ぎました。

やがて、自宅のある亀沢町までやって来ますが、小吉はまだ帰りません。小吉が「夫から亀沢町へきて見たが、なんだかしきへが高いよふだから、引返して二ツ目の向ふの材木問屋のかしへいつて寝た。[56]」と記したように、家から金品を盗んで無断で旅立った後ろめたさがあったのか、結局は材木問屋の河岸で野宿しました。

ついに、小吉は四ヵ月ぶりに勝家の敷居を跨ぎ、慣れ親しんだ自宅で「十日ばかりは寝どふしをした[57]」と、疲れ切って一〇日間ほど爆睡したそうです。

5　勝小吉を救った施行

伊勢参りの旅人への施行

勝小吉は野宿を繰り返しましたが、路銀が尽きた小吉の命を救ったのが、街道筋の人びとからの施行です。小吉は乞食同然の風貌でしたが、伊勢参りの旅人だと伝えることで、街道の見知らぬ人びとから接待を受けられるという驚くべき実態が見えてきます。そのことに触れる前に、伊勢参りの旅人に対する施行について確認しておきましょう。

元禄四（一六九一）年に東海道を旅したケンペルは、下記のような光景を目のあたりにしました。

「自分たちの食べ物や路銀を道中で物乞いして手に入れなければならない多くの伊勢参りの人たちは、参府旅行をする者にとっては少なからず不愉快である。なぜなら、ひっきりなしに彼らが近づいて来て、続けざまではなくたった一回だけであるが、笠をぬぎ遠慮がちな声で『檀那様、お伊勢参りの者に路銀を一文お恵み下さい』と言葉をかけられるからである。(58)」

ケンペルが旅した東海道では、困窮した伊勢参りの旅人が頻繁に物乞いをしていたそうです。同様の光景が、『東海道中膝栗毛』にも描かれました。主人公は道中で抜け参りの子ども達から物乞いをされ、餅を買って与えています[59]。

実際の旅日記の中にも、道中の施行の存在を見ることができます。江戸の神田塗師町で金物問屋を営んでいた紀伊国屋長三郎は、江戸から京都に向かう商用の道中で幾度となく施行をしました。長三郎が書いた『道中記』によると、施行の回数は二二日間で八回に及びます[60]。おそらく、旅人から物乞いをされて金銭を恵んだのでしょう。

このように、近世の街道では、伊勢参りの旅人への施行が当然のように行われていました。だからこそ、勝小吉のように無一文になった抜け参りの旅人も、伊勢参りを理由に物乞いをすれば、何とか旅を続けることができたのです。

この当時、抜け参りなど伊勢参りの旅人への施行は、「善根を施すことであり、善根を施せばきっと良い報いがある[61]」と考えられていました。近世の日本人は、伊勢参りの旅人に対する施行を通じて、自分自身の伊勢信仰を表現しようとしたのです。寺社参詣の遊楽化が進み、伊勢参宮の世俗性が色濃くなった時代でも、その根底には依然として聖なる信仰心が横たわっていたと言えるでしょう。

勝小吉が受けた施行

次に、『夢酔独言』を通して、勝小吉が道中で受けた施行の実際を見ていきましょう。小吉が物乞い生活を送るきっかけになったのが護摩の灰でした。同行者に裏切られて一文無しになった小吉に、宿の亭主は次のような策を授けます。

『何しろじゆばん斗にてはしかたがない。どふしたらよかろふ』と、十方にくれたが、亭主がひしやく壱本くれて、『是まで江戸つ子が、此海道にてはまゝそんなことが有から、おまへも此ひしやくをもつて、浜松の御城下・在とも壱文づゝ貰つてこひ』とおしへた……[62]」

亭主が小吉に渡した一本の柄杓（「ひしやく」）とは、伊勢参りの旅人が街道筋で食品や金銭等の施行を受けるためのアイテムでした[63]。その後、亭主の言いつけ通りに柄杓を片手に物乞いをしたところ、「一日方ゝ貰つて歩行たが、米や麦や五升ばかりに、銭を百二、三十文貰つて帰つた[64]。」と、思わぬ成果が上がります。

街道で生きる術を教えてくれた亭主に対して、小吉は「貰つた米と麦とを三升斗りに銭五十文ほど[65]」を渡して浜松を後にします。それからは、「毎日毎日こじきをして、伊勢大神宮へ参つた[66]」そうです。物乞いを続けて、とうとう伊勢参りを果たしました。

図5－3は『伊勢参宮名所図会[67]』に描かれたワンシーンで、冨田の焼き蛤を売る店の前には物乞いをする無銭旅行者の姿があります。この人物は、傘を被り、蓑を背負い、杖をつき、柄杓を手にしています。素足に草鞋履きのスタイルです。

浜松で物乞いの旅人となった小吉は、「なにをいふにも、じゆばん壱枚、帯はなわを〆、わらぢははゐたことも爾へから、ざまのわるいこじきさ[68]。」と回顧し、襦袢一枚に帯の代わりに縄を巻き、草鞋も履かずに素足だったようなので、この絵画よりもさらに見るに堪えない格好だった可能性があり

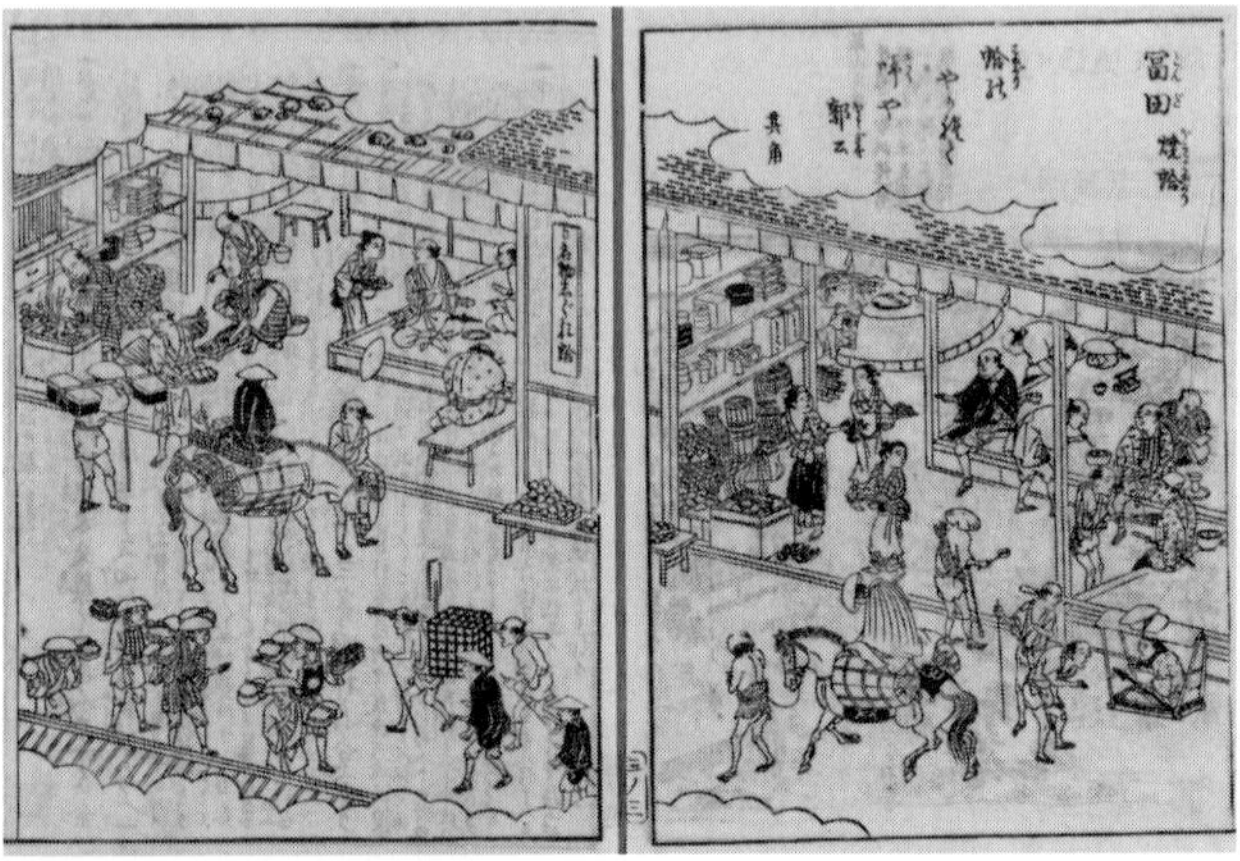

図5－3　『伊勢参宮名所図会』に描かれた物乞いの旅人（下は拡大図）

出典：蔀関月編『伊勢参宮名所図会　巻之三』塩屋忠兵衛、1797、国立国会図書館蔵

ます。

『夢酔独言』からは、一四歳の抜け参りの際に小吉が街道筋で受けた施行の記録を拾うことができます。表5－2は、施行を受けた場所、相手、内容をまとめたものです。

これによると、小吉は道中で実にたくさんの人びとから施行を受けています。施行の内容は食品や金銭が多いのですが、中には衣類、旅道具の提供、髪結賃の負担、駕籠に乗せてくれた場合もあり、宿泊場所の世話を焼いてくれたこともありました。街道では、実に多様な施行のスタイルがあったことがうかがえます。

勝小吉の命を救った街道筋の施行の存在は、伊勢信仰が近世の日本社会に

表5－2　勝小吉が道中で受けた施行

場所	施行を受けた相手	施行の内容
浜松	街道の人びと	・米や麦を5升ほど貰い受ける。 ・120～130文ほど貰い受ける。
伊勢	御師の龍太夫	・龍太夫の屋敷に宿泊し、風呂、寝床、食事を振る舞われる。 ・御札と1貫文を貰い受ける。
府中	武士の男	・自宅に招かれ、食事を振る舞われる。 ・衣類（単物）を貰い受ける。
鞠子	街道の人びと	・1文ずつ貰い歩く。
鞠子	賭場の男たち	・食事を振る舞われる。 ・男たちから、合計900文ほどを貰い受ける。
鞠子	街道の人びと	・1文ずつ貰い歩く。
白子	街道の人びと	・1文ずつ貰い歩く。
白子	近隣の寺の僧侶	・病気で倒れていたところ、毎日のように麦の粥を振る舞われ、看病を受ける。 ・菰を2枚、古い笠、草鞋を貰い受ける。 ・100文を貰い受ける。
伊勢参宮道	街道の人びと	・生米を貰い受ける。
府中	街道の人びと	・何かしら貰い歩く。
府中	米屋の店員	・施行の品が入った小皿を貰い受ける。

府中	遊郭の人びと	・麦や米を貰い受ける。
府中	遊郭の男性客	・飯、肴、菜を振る舞われる。 ・300文を貰い受ける。 ・衣類（浴衣、ふんどし）を貰い受ける。 ・木賃宿の宿泊費を負担してもらう。
石部	秋月藩の長持の男	・髪結賃を負担してもらう。 ・衣類（浴衣、手拭、襦袢）を貰い受ける。 ・府中まで駕籠に乗せてもらう。 ・50文を貰い受ける。
箱根山中	飛脚	・100文を貰い受ける。
箱根山中	人足	・飯を1杯振る舞われる。
小田原	猟師の男	・自宅に招かれ、食事を振る舞われる。 ・しばらくの間、奉公人として世話になり、仕事を与えられる。
両国	近隣の人びと	・何かしら貰い歩く。
両国回向院	乞食の頭	・食事を振る舞われる。

出典：勝小吉「夢酔独言」勝部真長編『夢酔独言　他』平凡社、一九六九、一二一―三九頁より作成

あまねく浸透していたことを物語ります。[69] 道中で路銀が尽きても、伊勢参宮の名のもとに施行を受けられることを見込んで、旅立ちを決意した人びとも数多くいたことでしょう。

御師　龍太夫の接待

伊勢の相生の坂で放浪していた時、小吉は乞食仲間と出会い、意気投合しました。元々は江戸神田黒門町の紙屋の息子です。彼は小吉に、「龍太夫と云御師の処へいつて、江戸品川の青物屋大坂屋の内よりぬけ参りに来たが、かくのしだい故、留めてくれろといふがいゝ。[70]」と入れ知恵をします。それから、伊勢山田の龍太夫の邸宅を尋ね、一か八か教えられた通りに申し出たところ、見事に成功して屋敷の中に招かれます。紙屋の息子も、かつてこの方法で龍太夫の世話になった口かもしれません。

ちなみに、小吉が龍太夫宅で偽った出自は、史料によって違いが見られます。『夢酔独言』では「江戸品川の青物屋大坂屋」と申し出ていますが、『平子龍先生遺事』では「品川にて柏原屋といふ者方より当所参詣に参り候[71]」とあります。いずれにしても、江戸界隈の町からはるばる抜け参りに来たことが龍太夫に伝われば、それでよかったのでしょう。

龍太夫は、勝小吉が住んでいた江戸やその近郊地域で幅を利かせていた御師です。江戸近郊の世田谷地域の年中行事を伝える『家例年中行事』によると、例年一〇月頃に龍太夫の手代が伊勢暦を手土産にやって来る慣わしがあったそうです[72]。

『西遊草』を書いた清河八郎は、三日市太夫から手厚い接待を受けていますが、その対価として金銭を支払いました。しかし、一文無しだった勝小吉は、無料で龍太夫の邸宅に宿泊し、接待を受けています。龍太夫側も小吉の嘘は見抜いていたはずですが、江戸界隈は自分の顧客がいる檀那場だったために、無下にはできないと判断したのでしょう。

龍太夫の小吉に対する施行は、懐の深さなのか、あるいはビジネスマンとして、救済の行為が今後の展開に有利に働くと目論んだのかもしれません。いずれにしても、伊勢神宮の御師も、参拝者に対する施行を重視していたことがよくわかるエピソードです。

龍太夫の邸宅に入った小吉は、六畳ほどの座敷へ通されて、風呂に入り、腹いっぱいの食事を振る舞われ、さらに龍太夫自らが小吉の部屋まで挨拶に来る接待を受けました。夜は布団や蚊帳が準備され、翌日もご馳走が出されたばかりか伊勢の御札まで貰い受けるという好待遇です[73]。

接待に気を良くした小吉は、あろうことか龍太夫の手代に金の無心をして、「二両」を貸してほしいと無謀な要求を出します。さすがに身元不明の少年に二両の大金を渡すことはなかったものの、まんまと一貫文を受け取り、「壱貫文呉た故、夫を貰つて早々にげ出した[74]。」と、挨拶もせずに御師の邸宅から逃げ出してしまいます。

しかし、奔放な性格な小吉です。「夫から方々に参つたが、銭はあるし、うまゐものを食いどふしだから、元のもくあみになつた[75]。」と書いたように、小吉は龍太夫から譲り受けた旅費を周辺の飲食店ですべて使い果たし、またしても無一文になってしまいました。

6　小吉から海舟へ

二一歳で二度目の抜け参りから帰った後、勝小吉を待ち構えていたのは、何と自宅の座敷に作られた檻でした。たまりかねた父親が、「座敷へ三畳のおりを拵えて置て、おれをぶちこんだ。」[76]と、小吉を座敷牢に閉じ込めたのです。ところが、悪知恵が働く小吉は一ヵ月も経たないうちに「おりの柱を二本ぬけるよふにしておゐた」[77]と、檻の中から密かに脱出できる細工を思いつきます。しかし、すべて自業自得だと観念した小吉は、檻の中で手習いをはじめ、毎日のように軍書を読むようになりました。

結局、座敷牢での生活は二一歳の秋から二四歳の冬まで続きますが、悪いことばかりではありませんでした。檻の中で暮らした間の文政六（一八二三）年正月元日に、息子の勝麟太郎義邦、後の勝海舟が誕生しているからです。[78]まるで、獄中結婚のようではないでしょうか。

幼年期の麟太郎を小吉はたいそう可愛がりました。麟太郎が野犬に噛まれて瀕死の重傷を負った時、快方に向かうまでの間、小吉は神社に連日裸参りをして願掛けを続け、毎晩息子を抱いて眠ったそうです。[79]

『夢酔独言』の本編は、「おれほどの馬鹿な者は世の中にもあんまり有るまいとおもふ。……能〻不法もの、馬鹿者のいましめにするがいゝぜ。[80]」からはじまります。まるで無法者のバイブルのような書き出しですが、これほど旅の失敗談を赤裸々に語った自叙伝は他にありません。道中の土産物や名物には目もくれず、抜け参りの自分を受け入れた街道筋での人びととの触れ合いが徹底的に描かれています。経験に基づく勝小吉の文章は、当時大ヒットした旅行案内書に勝るとも劣らない、実録物の旅のバイブルだったと言えるでしょう。

息子の勝海舟が、どれだけ父親の生き様から影響を受けたのか、今となっては知る由もありませんが、『夢酔独言』には小吉の海舟への想いが短文で綴られています。

「益友をともとして、悪友につき合ず、武芸に遊んでいて、おれには孝心にしてくれて、よく兄弟をも憐、けんそにして物を遣ず、麁服をも恥じず、粗食し、おれがこまらぬよふにしてくれ……」(81)

父親の破天荒なイメージとは随分異なります。しかし、異文化世界に飛び込んでいくチャレンジ精神は、親譲りのものがありました。勝小吉が東海道の抜け参りに身を投じたように、息子の勝海舟も安政二(一八五五)年から足掛け五年間を長崎の海軍伝習所で過ごし、万延元(一八六〇)年には太平洋を渡ってアメリカの地を踏んでいます。

勝海舟が『夢酔独言』に盛り込まれた数々のエピソードを読み、人生訓として活用していたとしても不思議ではありません。もしそうなら、たとえ反面教師であっても、勝小吉が東海道を歩き回った破天荒な抜け参りは、日本の明治維新と遠縁を結んでいたと考えてみるのも面白いものです。

〈注記及び引用・参考文献〉

（1）勝部真長「夢酔と海舟――父と子――」『夢酔独言――現代語訳「勝小吉自伝」――』PHP研究所、一九九五、二〇四―二〇五頁
（2）勝部真長「解題」『夢酔独言　他』平凡社、一九六九、一六九―一七〇頁
（3）本章では底本として平凡社東洋文庫版の『夢酔独言』（勝小吉「夢酔独言」勝部真長編『夢酔独言　他』平凡社、一九六九、三―一三一頁）を用います。また、勝小吉の著者物には他にも『平子龍先生遺事』（勝小吉「平子龍先生遺事」勝部真長編『夢酔独言　他』平凡社、一九六九、一三三―一六八頁）があります。『夢酔独言』と同じ天保一四（一八四三）年に執筆され、江戸の四谷に住む兵学者の平山行蔵（子龍）と交わした会話を思い起こして綴ったものです。『平子龍先生遺事』にも、一四歳の抜け参りの記憶が部分的に記されていますので、適宜参照しました。
（4）『夢酔独言』によると、勝小吉は信州や鹿島にも旅をしていたことがわかりますが、本章では、記述内容が明確で、なおかつ一定の分量をもって記述されている、一四歳と二一歳の時に行われた二回の抜け参りの旅を取り上げます。
（5）山路愛山『勝海舟』東亜堂書房、一九一一、一―六一頁
（6）徳富猪一郎『勝海舟伝』改造社、一九三二、二六―四三頁
（7）大口勇次郎『勝小吉と勝海州』山川出版社、二〇一三
（8）中村通夫「夢酔獨言の語學的價値」『東京語の性格』川田書房、一九四八、二〇三―二二〇頁
（9）真田信治「末期江戸語における方言的背景――『夢酔独言』の用語に即して――」『国語と国文学』六五巻一号、一九八八、一四四―一五五頁
（10）稲垣正幸「『夢酔独言』小論」稲垣正幸・山口豊編『夢酔独言総索引』武蔵野書院、一九九二、二二五―二三四頁

(11) 山口豊「夢酔独言の国語資料的位置」稲垣正幸・山口豊編『夢酔独言総索引』武蔵野書院、一九九二、一九四—二二四頁
(12) 金子弘「『夢酔独言』から『海舟座談』へ」『日本語日本文学』七号、一九九七、五三—六五頁
(13) 速水博司「『夢酔独言』の用語——江戸時代末期の話し言葉——」『目白大学短期大学部研究紀要』四〇号、二〇〇三、八五—九九頁／速水博司「『夢酔独言』における人称代名詞と準人称代名詞の考察」『目白大学短期大学部研究紀要』四三号、二〇〇七、一—一七頁
(14) 勝部真長「解題」『夢酔独言 他』平凡社、一九六九、一六九—一八九頁／勝部真長「夢酔と海舟——父と子——」『夢酔独言——現代語訳「勝小吉自伝」——』ＰＨＰ研究所、一九九五、一九七—二〇八頁
(15) 勝小吉「平子龍先生遺事」勝部真長編『夢酔独言 他』平凡社、一九六九、一四一頁
(16) 今野信雄『江戸の旅』岩波書店、一九八六、八五—八六頁
(17) 勝小吉「夢酔独言」、五七頁
(18) 同上、二二頁
(19) 同上、五四頁
(20) 同上、二三頁
(21) 同上
(22) 同上、五四頁
(23) 同上、五六頁
(24) 同上、五四頁
(25) 同上、五六頁
(26) 橋本万平『日本の時刻制度 増補版』塙書房、二〇〇二、一三二—一三三頁
(27) 勝小吉「夢酔独言」、二二頁

(28) 同上、二三頁
(29) 同上、五六頁
(30) 同上
(31) 同上
(32) 「東海道宿村大概帳」児玉幸多校訂『近世交通史料集4』吉川弘文館、一九七〇
(33) 秋里籬島編『東海道名所図会　巻之五』小林新兵衛、一七九七、国立国会図書館蔵
(34) 八隅蘆庵『旅行用心集』須原屋伊八、一八一〇、七丁
(35) 菊妓楼繁路「参宮の旅人十三ヵ条心得事」石巻市史編さん委員会編『石巻の歴史　第九巻　資料編三　近世編』石巻市、一九九〇、五二四頁
(36) 渡辺吉蔵「道中日記帳」田島町史編纂委員会編『田島町史　第四巻　民俗編』田島町、一九七七、八七五頁
(37) 佐藤屋忠之助「覚」『伊勢参宮』富谷町古文書を読む会、二〇〇八、一五頁
(38) 著者不詳「道中拾五ヶ条心得の事」『伊勢参宮仕候御事』古文書で柴田町史を読む会、二〇〇〇、四頁
(39) 鈴木武「庚子道の記」古谷知新編『江戸時代女流文学全集　第三巻』日本図書センター、一九七九、二一四頁
(40) アンベール「日本図絵」『アンベール幕末日本図絵　上』雄松堂出版、一九六九、二五五頁
(41) 勝小吉「夢酔独言」、二三頁
(42) 同上、五五頁
(43) 同上、二三頁
(44) 同上
(45) 八隅蘆庵、前掲書、一五丁
(46) 勝小吉「夢酔独言」、二三頁
(47) 同上、三七頁

(48) 同上、五四—五五頁
(49) 同上、五七頁
(50) 同上、二四頁
(51) 同上、二六頁
(52) 同上
(53) 同上、二八頁
(54) 同上、三〇頁
(55) 同上、三四頁
(56) 同上、三七—三八頁
(57) 同上、三八頁
(58) ケンペル「日本誌」斎藤信訳『江戸参府旅行日記』平凡社、一九七七、五三—五四頁
(59) 十返舎一九「東海道中膝栗毛　初編」麻生磯次校注『東海道中膝栗毛（上）』岩波書店、一九七三、七九—八二頁
(60) 紀伊国屋長三郎「道中記」千代田区教育委員会編『ある商家の軌跡——紀伊国屋三谷家資料調査報告書——』千代田区教育委員会、二〇〇六、一五〇—一五六頁
(61) 宮本常一『伊勢参宮　増補改訂版』八坂書房、二〇一三、一七九頁
(62) 勝小吉「夢酔独言」、二四頁
(63) 日本史学者の西垣晴次によると、伊勢参りの旅人が柄杓を手にして旅をするのは、穢れた道を通行する際に、その穢れが身に及ぶのを防ぐためだったと言います（西垣晴次「寺社参詣の意義」『交通史研究』一二号、一九八四、八頁）。
(64) 勝小吉「夢酔独言」、二四頁

(65) 同上
(66) 同上
(67) 蔀関月編『伊勢参宮名所図会　巻之三』塩屋忠兵衛、一七九七、国立国会図書館蔵
(68) 勝小吉「夢酔独言」、二六頁
(69) 西垣は、近世まで二〇〇以上の藩に分割されていた日本が、天皇のもとに一つの明治国家として展開していった背後には、人びとの間に根付いた熱狂的な伊勢信仰の存在があったと指摘しています(西垣晴次『お伊勢まいり』岩波書店、一九八三、二〇九頁)。
(70) 勝小吉「夢酔独言」、二五頁
(71) 勝小吉「平子龍先生遺事」勝部真長編『夢酔独言　他』平凡社、一九六九、一四三頁
(72) 大場弥十郎「家例年中行事」世田谷区編『世田谷区史料　第一集』世田谷区、一九五八、二四六―二四九頁
(73) 勝小吉「夢酔独言」、二五頁
(74) 同上
(75) 同上
(76) 同上、六〇頁
(77) 同上
(78) 山路、前掲書、二二頁
(79) 勝小吉「夢酔独言」、七六―七七頁
(80) 同上、一一頁
(81) 同上、六頁

おわりに

本書に登場した人物の旅の目的は、それぞれに異なっていました。

松尾芭蕉は俳諧行脚のために、伊能忠敬は測量事業のために、吉田松陰は自らの立ち位置を見定めるために、清河八郎は母への孝行のために、勝小吉は現実から抜け出すために旅の世界に身を投じたのです。

しかし、異なる旅の目的を持ちながらも、彼らの目的達成の手段は共通していました。それが「歩く」という行為です。どの旅人も、長い距離を長期間に及んで歩き続ける能力と、難所に遭遇してもくじけないメンタリティを兼ね備えていました。

自らの二本の脚で歩くことは、行く先々でさまざまな事物に触れる機会を創出しました。道中で人と出会い、困難を乗り越え、風光明媚な名所や寺社を訪れ、土地の名物を味わい、土産物の品定めをし、時に遊興に熱中するなど、それぞれが旅先ならではの貴重な体験を積んでいます。

こうした異文化体験は、近世の徒歩旅行の醍醐味でした。一七世紀中頃の作品とされる『東海道名所記』の冒頭で、浅井了意は次のような至言を残しています。

『『いとおしき子には旅をさせよ』といふ事あり。万事思ひしるものは、旅にまさる事なし。鄙の永路を行過るには。物うき事、うれしき事、はらのたつこと、おもしろき事、あはれなること、おそろしき事、あぶなき事、をかしき事、とりどりさまざま也。」（浅井了意「東海道名所記一」冨士昭雄校訂『東海道名所記／東海道分間絵図』国書刊行会、二〇〇一、八頁）。

旅に人生の教訓を求めようとする姿勢は、近世後期に至っても引き継がれました。一九世紀初頭の『浮世風呂』の中で、式亭三馬は登場人物に次のように語らせます。

「旅をして御覧じろ。たとひ銭金を積んでさわいでも、ういつらいめを見るから身の薬さ。……歩て見なさい。修行になることが大分ありますよ……」（式亭三馬「浮世風呂」神保五彌校注『浮世風呂・戯場粋言幕の外・大千世界楽屋探』岩波書店、一九八九、二八七頁）

いずれも、本書で取り上げた旅の一部始終をどこかで見ていたかのような書きぶりです。近世人にとっての旅の意義とは、非日常の異文化世界に飛び込んで見聞を広め、人間的な成長を遂げることだったと言えるでしょう。

現代よりも地域間の交流が少なかった近世社会にあって、道中をないがしろにせずに異文化世界を貫いて歩く旅とは、自分自身を相対化して見つめ直す絶好の機会でした。時代を彩った有名人たちも、それぞれの目的を果たそうと歩き続けることで、図らずも新たな自分を発見したのではないでしょうか。

江戸の旅の世界には、歩き通した者だけが到達できる魅惑的な境地があったように思えてなりません。

二〇二〇年に上梓した『歩く江戸の旅人たち』に続いて、第二弾となる本書でも、晃洋書房編集部の吉永恵利加さんには大変お世話になりました。

構想から執筆に至るまで、数々の的確なアドバイスを頂戴したおかげで、「有名人の旅と歩行」という新たなテーマに果敢に挑戦することができました。この場を借りて、厚く御礼申し上げます。

二〇二二年一一月

谷釜尋徳

《著者紹介》

谷釜尋徳（たにがま　ひろのり）

東洋大学法学部教授
日本体育大学大学院　博士後期課程修了
博士（体育科学）
専門はスポーツ史。
著書に、『歩く江戸の旅人たち』（晃洋書房、2020）、『江戸のスポーツ歴史事典』（柏書房、2020）、『ボールと日本人』（晃洋書房、2021）、『オリンピック・パラリンピックを哲学する』（編著、晃洋書房、2019）、『スポーツで大学生を育てる』（編著、晃洋書房、2022）、『そんなわけでスポーツはじめちゃいました！図鑑』（監修、主婦の友社、2021）など

歩く江戸の旅人たち 2
——歴史を動かした人物はどのように歩き、旅をしたのか——

2023年1月20日　初版第1刷発行　　＊定価はカバーに表示してあります

著　者　谷　釜　尋　徳©
発行者　萩　原　淳　平
印刷者　藤　森　英　夫

発行所　株式会社　晃　洋　書　房
〒615-0026　京都市右京区西院北矢掛町7番地
電話　075(312)0788番(代)
振替口座　01040-6-32280

装丁　尾崎閑也　　印刷・製本　亜細亜印刷㈱

ISBN978-4-7710-3684-0